Actualización
Pedagógica
MAGISTERIO

Catalogación en la publicación- Biblioteca Nacional de Colombia

Fante, Cléo
    Cómo entender y detener el bullying y cyberbullying en la escuela:
112 preguntas y respuestas clave para profesores y padres / Cléo Fante.
– 1ª. ed. -- Bogotá: Cooperativa Editorial Magisterio, 2012.
            p. – (Actualización pedagógica)

    ISBN 978-958-20-1068-3

    1. Acoso escolar 2. Matoneo 3. Violencia en la educación I. Título
II. Serie

    CDD: 371.58 ed. 20
        CO-BoBN– a805148

Cómo entender y detener el *bullying* y *cyberbullying* en la escuela.
112 preguntas y respuestas clave para profesores y padres.
Autora: Cléo Fante
ISBN: 978-958-20-1068-3
Primera edición: 2012
Colección: Actualización Magisterio

© Cooperativa Editorial Magisterio
Diag 36 bis n 20- 70 Park Way- La Soledad
Pbx: 0571- 3383605
Bogotá- Colombia
info@magisterio.com.co
www.magisterio.com.co

Dirección General:
Alfredo Ayarza Bastidas

Dirección editorial:
Hilce Patricia Sánchez Rodríguez

Traductores:
Diana Ayarza Sánchez
Pedro Tavares

Corrección de estilo:
Daniel Torres

Diseño y diagramación:
Camilo Uparela

CLÉO FANTE

CÓMO ENTENDER Y DETENER EL
BULLYING Y CYBERBULLYING
EN LA ESCUELA

112 PREGUNTAS Y RESPUESTAS
CLAVE PARA PROFESORES Y PADRES

Actualización
Pedagógica
MAGISTERIO

Contenido

Introducción

Nunca se habló tanto de *bullying* como en la actualidad. A pesar de ser una forma de violencia tan antigua como la escuela, solamente hace pocas décadas el fenómeno pasó a ser estudiado científicamente. Sin duda el problema es extremadamente preocupante y se debe reflexionar en las diversas esferas y estudiar a la luz de las diferentes ciencias. Sin embargo, miles de niños y adolescentes continúan involucrándose con el fenómeno que parece no tener solución.

Tal vez, el gran obstáculo sea la dificultad para entender el problema, lo que ha generado serias equivocaciones en la interpretación de casos y, en consecuencia, en los procedimientos adoptados, en especial, por la escuela y la familia.

El uso indiscriminado del término para justificar determinados comportamientos sociales, ha colaborado con la generalización del problema. Están quienes lo usan cuando hay una discusión entre vecinos; cuando artistas o atletas son criticados por malas actuaciones o falta de talento; cuando conductores discuten en el tránsito; cuando políticos o religiosos tienen opiniones contrarias; cuando cónyuges se desentienden; cuando hay negación de ayuda entre países; cuando el jefe hace una advertencia al empleado; cuando los padres corrigen severamente a los hijos; cuando animales disputan territorios; cuando irresponsables destruyen la naturaleza, entre otros.

En el ambiente escolar no es diferente, el término también viene siendo utilizado en diversas situaciones que involucran a docentes y estudiantes. Con alguna frecuencia, el término es utilizado en situaciones de disciplina, conflictos, desacato al profesor, chistes inconsecuentes, o inconvenientes, falta de civilidad, daños, grafitis en los edificios e incluso cuando determinados estudiantes son corregidos y disciplinados por adultos de la escuela. De igual modo, también ocurre en el ambiente virtual, donde el término *cyberbullying* viene siendo usado en innumerables situaciones de manera equivocada.

La falta de entendimiento hizo surgir muchos tipos de *bullying*, por ejemplo, "*bullying* ambiental", "*bullying* animal", "*bullying* matrimonial", "*bullying* político", "*bullying* forense", "*bullying* personal", "*bullying* deportivo", "*bullying* territorial", "*bullying* familiar", "*bullying* cristofóbico", "*bullying* artístico", "*bullying* racial", entre otros.

Como se puede observar, el tema *bullying* está en el "orden del día". Noticias, comentarios, opiniones sobre el asunto son divulgados en los diversos medios de comunicación social, diariamente. Celebridades se han preocupado por el problema, y se han involucrado en campañas *antibullying*, como los cantantes Justin Bieber, Demi Lovato, Lady Gaga, entre otros. Proyectos de ley contra el *bullying* están siendo discutidos en muchos países al rededor del mundo, muchos de ellos ya aprobados y en vigencia.

Por un lado, toda esta visibilidad que el tema viene alcanzado es positiva. La sociedad necesita estar atenta al problema y a sus consecuencias, para participar efectivamente en su contención. Por otro lado, es preocupante porque la generalización compromete el entendimiento y la búsqueda de soluciones, aparte de la banalización.

El levantamiento de datos que realizamos con 1.028 artículos divulgados por internet-Alerta Google-, en 2011, con relatos de casos de *bullying* reveló un dato extremadamente preocupante: 60% de los casos presentan equivocaciones en la interpretación, debiendo ser descartados como *bullying*.

Por lo tanto, *bullying* no es lo que muchos están divulgando. Finalmente, ¿qué es el *bullying*?, ¿en cuáles situaciones el término debe ser empleado?, ¿cómo diferenciarlo de situaciones conflictivas o de juegos de la edad?, ¿quiénes son los involucrados?, ¿cuáles son las consecuencias a corto, mediano y largo plazo?, ¿existe *bullying* en otros contextos fuera del ambiente escolar?, ¿qué debe saber y hacer la familia y la escuela para detener su incidencia?, ¿qué hacer para prevenir el fenómeno?

Así mismo, esta obra tiene como foco principal esclarecer esa forma de violencia que ultrapasa los muros de la escuela y se propaga, velozmente, en el espacio virtual. Para eso, buscaremos dilucidar cómo ocurre el fenómeno en las escuelas y fuera de ellas, quiénes son los protagonistas, cuáles son las formas de manifestación, además de sus causas y consecuencias. En seguida, presentaremos orientaciones de cómo las escuelas y las familias deben actuar para lidiar con el fenómeno. Presentaremos algunos casos que servirán para un mayor entendimiento del problema, así como sugerencias de películas, libros y un instrumento de investigación que las escuelas podrán aplicar junto con los estudiantes. Finalmente, presentaremos la bibliografía utilizada para este trabajo.

Creemos que sólo una educación para la cultura de paz será capaz de contener y prevenir el *bullying*. Para eso, la asociación entre escuela y familia y la participación de niños y adolescentes es una estrategia fundamental.

Capítulo I
Comprenda qué es el *bullying*

La prevención del bullying comienza por el conocimiento
Cléo Fante

1. ¿Qué es el *bullying*?

Bullying es el término empleado en la mayoría de los países para designar situaciones donde un estudiante o un grupo de estudiantes, intencionalmente adoptan comportamientos agresivos y repetitivos contra otro(s), en desventaja de fuerza o poder, poniéndolo bajo tensión y dominación, generando daños y sufrimientos, sin motivos evidentes. Es un fenómeno extremadamente relevante que amenaza el desarrollo saludable de la infancia y juventud en todo el mundo.

2. ¿Cuál es la definición del término *bullying*?

Según los autores Lopes y Saavedra (2003), la definición aceptada universalmente dice que el *bullying* "comprende todas las actitudes agresivas, intencionales y repetitivas que ocurren sin motivación evidente, adoptadas por uno o más estudiantes contra otro(s), causando dolor y sufrimiento y ejecutadas dentro de una relación desigual de poder, haciendo posible la intimidación de la víctima.

3. ¿El *bullying* debe ser considerado como una forma de violencia?

El *bullying* es una forma de violencia que ocurre entre pares en el ambiente escolar y fuera de él. Para entenderlo como violencia recurrimos al informe mundial sobre la violencia y la salud, de la Organización Mundial de la Salud (OMS), donde define la violencia como "el uso intencional de la fuerza física o el poder, real, o por amenaza, contra la misma persona, contra otra persona, o contra un grupo o comunidad que pueda resultar o tenga alta probabilidad de resultar en muerte, lesión, daño psicológico, problemas de desarrollo o privaciones". Debemos tener en cuenta que el concepto adoptado por la OMS sobre violencia es amplio, no se restringe únicamente a los daños materiales, psicológicos, sino también a la amenaza y la posibilidad de causar daño.

4. ¿En este sentido, podemos decir que todas las formas de violencia que se producen en la escuela son *bullying*?

Por supuesto que no, no toda violencia que se produce en el ambiente escolar debe ser clasificada como *bullying*. Es común entre los estudiantes encontrar conductas agresivas o violentas. Sin embargo, en general, son peleas o desacuerdos motivados por los conflictos que surgen naturalmente en las relaciones interpersonales, pero, que pueden verse agravados cuando no son mediados o resueltos adecuadamente. Es importante observar que existen situaciones que ocurren en la cotidianidad de las escuelas y que deben ser diferenciados de los casos de *bullying*. Es común observar respuestas agresivas e incluso violentas cuando los estudiantes interactúan, como, por ejemplo, en los juegos, en las discusiones, en las peleas para "disipar dudas" de quién es más fuerte, en los golpes involuntarios, en las diversas situaciones que emergen durante las clases. En estas situaciones las respuestas agresivas son puntuales y espontáneas, a diferencia de lo que ocurre con el *bullying,* donde las acciones agresivas son intencionales y repetitivas contra el mismo blanco, que no hizo nada para ser atacado.

5. ¿Cuál es el origen de la palabra *bullying*?

En la lengua inglesa, la palabra *bullying* era originalmente una expresión de afecto. Según la autora Shaheen Shariff (2011), el *Oxford English Dictionary* expone que el término se originó en los años 1600 como *Boel,* cuyo significado era "amante de ambos sexos". También el mismo diccionario se refiere a una edición del *Bailey* que contiene la palabra *Boolie,* que significa *beloved* (amado). La palabra era usada para describir el "hermano" de una persona. Con el tiempo pasó a significar amistad íntima, algo como buen camarada, compañero, amigo. Estaba implícitamente en esta relación un tono de broma amable, halagador y divertido, que se permite entre amigos. Sin embargo, trabajadores británicos de las minas de carbón describieron a sus compañeros de trabajo como *bullis* y así, comenzó una asociación de los *bullis* como matones o peleones. Al final de 1800 el término *bullying* ya se refería a la cobardía, debilidad, tiranía y violencia. También pasó a ser asociado con pandillas. Actuar como un *bully* alrededor de 1883, significaba *tratar de manera autoritaria; intimidar, asustar u obligar o forzar por medio del bullying; presionar hacia una determinada dirección.* Como se puede notar, el término *bullying* evolucionó a lo largo del tiempo, así como sus manifestaciones, que migraron del entorno físico de la escuela hacia el entorno virtual (*cyberbullying*). Según la autora, "la etimología dice mucho sobre el problema para identificar el *bullying.* Su transición de un comportamiento matón de un modo general hacia un comportamiento de real hostilidad destaca una comparación interesante entre la evolución histórica de la palabra y el *bullying* en las escuelas contemporáneas[1]".

6. ¿El término *bullying* es usado en todos los países?

Por ser el *bullying* una temática recurrente y objeto de estudio en diversas partes del mundo, algunos países encontraron en su lengua nativa, otros términos para conceptualizar este tipo de comportamiento. Como lo destaca Olweus (1998), *mobbing* es la palabra usada en Escandinavia (Noruega y Dinamarca), para describir esta realidad. En Suecia y Finlandia se utiliza el término *mobbning*. Estos términos son utilizados con significados y connotaciones diferentes. Su raíz inglesa *mob* significa un grupo grande y anónimo de personas que generalmente se dedican al acoso (Heienmann, 1971; Olweus, 1973a). Sin embargo, *mobbing* es utilizado constantemente para definir cuando una persona atormenta, hostiga, o acosa a otra. Aunque no es un término adecuado desde el punto de vista lingüístico *mobbing* (traducido como amenazas y abusos entre los estudiantes) es empleado para definir una situación en la que un solo individuo o un grupo acosa a otro. En Francia, el término *bullying* fue sustituido por *harcèlement quotidien*. También en Francia y Bélgica, por *maltraitance entre jeunes, persécutions à l'école ou brimades*. En Italia, por *prepotenza* o *bullismo*. En Japón, fue sustituido por *yjime*, en Alemania, de *agressionen unter shülern*. En

---

1   La autora explica que en las escuelas contemporáneas, el *bullying* verbal oscila entre palabras de afecto y tratamiento hostil. Entre los amigos, especialmente, en los medios electrónicos, se saludan a través de lenguajes extraídos de letras musicales, como del *rap* y *grunge*, lo que no tiene intenciones negativas. Eso significa, que entre compañeros, amigos, las palabras no suenan como ofensas.

España, por "acoso y amenaza entre escolares" o "intimidación".

7. ¿El *bullying* es un fenómeno moderno o siempre ha existido?

De acuerdo con la literatura los investigadores están de acuerdo que el *bullying* es un fenómeno antiguo. El hecho de que determinados niños sean objeto de agresión y de hostigamiento por parte de otros niños, es descrito en obras literarias y, muchos adultos ya lo vivieron en su tiempo de estudiantes (Olweus, 1998). De igual manera, los investigadores también están de acuerdo con que el *bullying* es un fenómeno nuevo, ya que se ha convertido en fuente de preocupación en los establecimientos escolares, hace muy poco tiempo. La novedad es la visibilidad que los diversos abordajes vienen conquistando y los programas que vienen siendo desarrollados en diversas partes del mundo, tanto para enfrentarlo como para su contención.

8. ¿Cuándo surgieron los primeros estudios sobre *bullying*?

Según los autores Peter Smith y Sonia Sharp (1994), aunque el tema haya sido abordado en la literatura de ficción como se ve en *Tom Brown's Schooldays*, no se ha publicado casi ninguna investigación sobre la temática fuera de Noruega y Suecia, hasta el final de la década de 1970. Sin embargo, en 1978 el investigador Dan Olweus, publicó una versión en inglés de su libro titulado *Agresion in the schools: bullies and whipping boys*. Al investigar las tendencias suicidas entre adolescentes, Olweus descubrió que gran parte de estos jóvenes había sufrido algún tipo de amenaza y que, por lo tanto, el *bullying* era un mal a ser combatido. Pero es al final de la década de los 80 e inicio de los 90, que los estudios se han incrementado. Shariff (2011) relata que el *bullying* no fue reconocido como un problema en el Reino Unido y en América del Norte hasta la década de 1980, ya que había una suposición subyacente por parte de los profesores de que este comportamiento era aceptable porque obligaba a los niños más callados a aprender a imponerse. En muchos países, tal suposición también hacía parte del pensamiento de la mayoría de los profesores, mientras que en otros países, la idea era que esa forma de comportamiento, era propia del proceso de maduración del niño, estas son, "cosas de la edad" o juegos inofensivos, sin tanta relevancia[2].

9. ¿Dónde surgieron los primeros estudios sobre el *bullying*?

Como dijimos en trabajos anteriores (Fante, 2005), fue en la primera década de los 70 que surgió en Suecia un gran interés de la sociedad por entender el fenómeno y luego se extendió a los otros países escandinavos. En Noruega el fenómeno fue, durante muchos años, motivo de preocupación de los medios de comunicación y entres profesores y padres, sin que las autoridades educativas se comprometieran de forma oficial. Sin embargo, a finales de 1982, un noticiero informaba el suicidio de tres niños en el norte del país, con edades entre 14 y 20 años, un acto que, con alta probabilidad fue motivado por los malos tratos que recibieron de sus compañeros de clase. Estos eventos crearon una gran tensión y conmoción social, haciendo que el Ministerio

---

2   Tales suposiciones aún hacen parte del pensamiento de muchos maestros y profesionales de las escuelas, así como de padres y autoridades. Desafortunadamente, solamente cuando los casos trascienden es que se percibe la gravedad del problema.

de Educación de Noruega, en 1983, se ocupara de los problemas entre agresores y víctimas en las escuelas, creando una campaña nacional contra el *bullying*.

Al frente de los trabajos estaba el profesor Olweus, de la Universidad de Bergen, que desarrolló los primeros criterios para detectar el problema de manera específica, permitiendo diferenciarlo de otras posibles interpretaciones, como incidentes y bromas o relaciones de juegos entre iguales, características de la madurez del individuo. Como afirma Olweus (1998), todas las escuelas primarias, preparatorias y secundarias de Noruega fueron invitadas a aplicar el *cuestionario Bully/ Víctima.* Los resultados de la encuesta mostraron que alrededor de 84.000 estudiantes o un 15% del total de estudiantes de la escuela primaria y secundaria (de un total de 568.000 en el curso de 1983-1984) estuvieron involucrados en problemas de agresión "a veces" o con mayor frecuencia (otoño de 1983) como agresores o como víctimas. Esto equivale a decir que 1 de cada 7 estudiantes, estaba involucrado con el *bullying.* Los datos de otros países aclaraban que el tema existía, con una relevancia similar o superior, como, por ejemplo, en Suecia (Olweus, 1986), Finlandia (Lagerspetz y cols, 1982), Inglaterra (Smith, 1991; Whitney & Smith, 1993), Estados Unidos (Perry y Cols, 1988), Canadá (Ziegler & Rosenstein-Manner, 1991), Países Bajos (Haese-Lager & Van Lieshout, 1992), Japón (Hirano, 1992), Irlanda (O'Moore & Brendan, 1989), España (Ruiz, 1992), Australia (Rigby & Slee, 1991).

En España, según lo señala Fernández (1999), los estudios realizados por Ortega (1991), Fernández & Quevedo (1989), Ortega & Merchán (1997), registraron datos en torno al 18%. Las investigaciones en Inglaterra, Hayden & Blaya (2002), surgieron a finales de la década de los 80, como consecuencia de *La encuesta de Elton,* que alertó ser el problema generalizado y tendía a ser ignorado por los profesores. El interés por el tema resultó en su inclusión en los procedimientos de inspección de Ofstead y la Ley de Patrones y Estructura Escolar (*School Standards and Framework Act*) de 1998, y se pasó a establecer la adopción de medidas para evitar el *bullying* entre los estudiantes.

10. ¿Cuándo surgieron las primeras publicaciones sobre el tema de *bullying*?

La gran mayoría de las publicaciones internacionales sobre el fenómeno se remontan a la década del 90. Una considerable cantidad de documentos científicos del mundo pasó a transmitir conocimientos sobre sus causas y estrategias preventivas, como, por ejemplo, Olweus, 1993; Whitney & Smith, 1993; Pepler, Craig, Ziegler & Charach, 1993; Smith and Sharp, 1994; Genta et al, 1995; Ross, 1996; Rigby, 1996; Almeida, Pereira & Valente, 1997; Doanidou & Xenakis, 1998; Ortega & Angulo, 1998; Ohsako, 1999; Pereira, Neto, Marques & Angulo, 2001. En esta misma época, diversas campañas y programas lograron reducir la incidencia de comportamientos agresivos e intimidatorios en las escuelas, principalmente en Europa. El pionero fue el profesor noruego Dan Olweus, de la Universidad de Bergen (desde 1978 hasta 1993), con la publicación de sus trabajos y la *Campaña Nacional Antibullying* 1993, en las escuelas de Noruega.

En Brasil, los estudios sobre *bullying* surgieron como reflejo de los trabajos desarrollados en los países europeos. Es el caso de los estudios realizados por Canfield, 1997; Figueira & Neto, 2000; Fante, 2000; Lopes Neto & Saavedra, 2003.

11. ¿El *bulliyng* tiene más incidencia en nuestros días o en el pasado?

Científicamente no existen diagnósticos que entreguen datos globales que permitan, comparativamente, medir si el *bullying* tiene más incidencia en nuestros días que en décadas pasadas. Lo que se percibe es la gran visibilidad que el fenómeno conquistó en diferentes partes del mundo. Resultado de los significativos avances en el área de investigación sobre el tema, de los ecos que los medios de comunicación sociales proporcionaron -así hayan sido como resultado de casos extremos divulgados, así como el compromiso que demostraron algunas personalidades en campañas *antibullying-* y de la creciente concientización del problema, por parte de más personas.

12. ¿Cuáles son los índices mundiales de estudiantes involucrados en *bullying*?

A pesar de la dificultad en la obtención de datos mundiales, estudios realizados en diversos países señalan que el porcentaje directo de estudiantes involucrados en *bullying* varía entre 6% y 40%. Sin embargo, 100% de los estudiantes están involucrados en *bullying* directa o indirectamente.

13. ¿Cuál es el rango de edad en el que el *bullying* tiene más incidencia?

El *bullying* puede ser identificado en los primeros años escolares, entre niños de 3 a 4 años de edad. Sin embargo, los casos empeoran a medida que aumenta el grado de escolaridad, alcanzando un pico en la adolescencia entre 11 y 15 años. A cualquier edad el *bullying* es pernicioso, no obstante es en la niñez que se debe empezar el proceso preventivo.

14. ¿Cuál es el lugar donde más ocurre el *bullying*?

Estudios en todo el mundo han demostrado que el lugar de más incidencia es el patio de recreo, seguido por el salón de clase. Sin embargo, la investigación que coordinamos en el año 2009 en 5 regiones de Brasil, con un grupo de 5.162 estudiantes entre sexto y noveno grado de la enseñanza fundamental de escuelas públicas y privadas, mostró que el sitio de mayor incidencia es el salón de clase: 12,7% sin la presencia del profesor y 8,7% con el profesor, seguido por el patio de recreo, 7,9%. Los espacios de poca visibilidad como pasillos, 5,3%, y baños, 1,5%, mientras que fuera de la escuela el índice encontrado fue de solo el 2%.

15. ¿El *bullying* es un fenómeno que sucede con mayor frecuencia en la escuela pública o privada?

El *bullying* afecta tanto a las instituciones públicas como privadas, sin distinción. Es sin duda una de las facetas de la violencia que impregna las relaciones humanas en todas las estructuras sociales, estando, por lo tanto, intrínsecamente relacionado con la intolerancia y los prejuicios, especialmente contra los que huyen de ciertas normas estéticas y de comportamiento socialmente valoradas.

16. ¿El *bullying* se da necesariamente entre adolescentes de la enseñanza básica y media?

El término *bullying* es empleado en la relación de abuso entre los estudiantes, independientemente del grado de educación al que pertenecen, y puede ocurrir desde el jardín infantil hasta la universidad. No obstante, los estudios han demostrado que su incidencia es mayor entre los estudiantes de 6° y 9° grado. Por ejemplo, podemos citar una vez más los datos de la encuesta que coordinamos en Brasil con 5.162 estudiantes de la enseñanza fundamental, en la cual encontramos un índice de 17% de participación. De estos, 10% eran autores, 10% eran víctimas y 3% eran víctimas y autores al mismo tiempo.

17. ¿Existe alguna diferencia entre los países en la forma como el *bullying* ocurre y los lugares de incidencia?

En todo el mundo, la presencia del *bullying* es similar, en cuanto a las formas de ataques usados por niños y niñas, la edad y el nivel de educación, y las razones dadas por los autores, víctimas y espectadores, los sentimientos y consecuencias generados. Con respecto a los lugares de incidencia, se ha demostrado que es más común en el patio de descanso, especialmente en el horario de recreo donde la supervisión de adultos es menor o no existe. Sin embargo, ocurre con frecuencia en el aula y con la presencia del profesor, lo que indica la omisión o falta de formación profesional para lidiar con el problema. Un índice muy pequeño apunta a la incidencia en lugares de poca visibilidad como baños, pasillos y el ambiente externo de la escuela.

18. ¿Quiénes practican más el *bullying*, niños o niñas?

Los estudios internacionales han demostrado que los niños son los que más practican el *bullying*. Utilizan más la agresión directa, física y verbal, mientras las niñas utilizan la agresión indirecta por medio de ofensas morales y exclusiones sociales. Otra diferencia que debe ser destacada es que las niñas suelen atacar en grupos, mientras los niños pueden atacar individualmente. Normalmente, hay una "líder o mentor" que planea y da inicio al proceso de victimización, con el respaldo de un círculo social que lo alienta y ayuda. La víctima es siempre rechazada por sus compañeros y el objetivo es eliminarla de la convivencia social. Para esto, generalmente, utilizan el chisme, comentarios desagradables, insultos y mentiras. Sin embargo, las niñas también utilizan el maltrato físico, aunque en menor grado.

19. ¿De qué manera el *bullying* se caracteriza en la universidad?

De la misma forma que se caracteriza en otros espacios escolares. Esto es, cuando un estudiante o varios de ellos atacan a otro(s), sin razones y repetidamente, a través de insultos, humillaciones, apodos degradantes, comentarios racistas y/o sexistas, calumnias, difamación, exclusiones, entre otras cosas que pueden estar presentes tanto en el espacio físico como en el virtual (*cyberbullying*). Recordando que en la identificación del *bullying* es necesario que todos los criterios sean encontrados en la acción negativa: repetición contra el mismo objetivo durante un periodo de tiempo, ausencia de motivos, intencionalidad, desequilibrio de poder o fuerza, lesiones recurrentes.

20. ¿Por qué el *bullying* es un asunto que causa tanta preocupación en diversas partes del mundo?

El *bullying* causa tanta preocupación porque es inconcebible creer que los niños sufren y practican diferentes formas de abuso en las escuelas, donde deberían estar protegidos. Es motivo de preocupación porque resulta en una serie de lesiones, que pueden comprometer el desarrollo físico, moral, intelectual, social, emocional, especialmente de los que son blanco. Es motivo de preocupación porque lleva a muchos niños a desistir de la escuela, de sus compañeros, de su futuro y de su propia vida, también es motivo de preocupación porque hay una estrecha relación entre el *bullying* y la delincuencia, además de problemas en la vida adulta.

21. ¿Por qué sólo hasta hace poco tiempo el tema *bullying* ha despertado la atención?, ¿qué ha cambiado con respecto a este asunto?, ¿hay exageración en la divulgación del tema *bullying*?

Lo que ha cambiado es que el *bullying* a partir de 1970 pasó a ser estudiado científicamente, lo que despertó el interés de las diversas ciencias y de profesionales de otras áreas, además de la educativa. Es un asunto que gana cada vez más relevancia, especialmente en los países suramericanos, por tener los estudios más recientes -los tuvieron a partir del año 2000-. No obstante, nos encontramos con alguna exageración de los que se aventuran a abordar el tema, sin conocimiento y estudios más profundos, lo que genera grandes equivocaciones de compresión e identificación del fenómeno y consecuentemente en los procedimientos adoptados. Sin embargo, lo que se debe resaltar es que no todo lo que ocurre es *bullying*. Los conflictos, la indisciplina, las transgresiones, la falta de civilidad, las expresiones anti-autoridades, los grafitis, las peleas entre los estudiantes, las peleas motivadas por los celos, desentendimientos, envidia, no es *bullying*, como muchos dicen. Es necesario tener cuidado para que el fenómeno no sea banalizado o legitimado.

22. ¿Hay una percepción en los medios de que el *bullying* se ha vuelto más recurrente a partir de la década de 1990, por qué?

Porque hasta entonces no se prestaba atención a la gravedad de esta forma de violencia y de sus lesiones, siendo interpretados equivocadamente como juegos propios de la edad y de la madurez del individuo. Sin embargo, los estudios desarrollados en Noruega alertaban sobre la existencia de un fenómeno que requería la atención y preocupación no sólo de los profesionales de las escuelas, de los profesionales y de los padres, sino también de la sociedad como un todo. A partir de 1990 estudios de varios países interesados en el tema, especialmente como consecuencia de la masacre en la escuela de Columbine, en los Estados Unidos, Abril de 1999, despertaron la atención de los medios de comunicación. Desafortunadamente, otras tragedias han ocurrido en escuelas ubicadas en diferentes partes del mundo, asustando a los estudiantes y sus familiares, y exigiendo el posicionamiento de las instituciones escolares y gubernamentales.

23. ¿El término *bullying* es usado sólo para la violencia entre estudiantes o abarca las demás relaciones en la comunidad escolar como profesores y coordinadores?

El término *bullying* se utiliza para categorizar los abusos entre pares de estudiantes, dentro y fuera del ambiente escolar. No obstante, entre adultos es más común el uso del término *mobbing* o acoso moral.

24. ¿Cuál es el significado del término *mobbing*?

El término *mobbing* viene del inglés *to mob*, cuya traducción es maltratar, atacar, perseguir. El sustantivo *mob*, significa multitud. *Mob,* con letra mayúscula, significa en inglés mafia. Queda claro, por sus significados que se trata de un fenómeno de grupo. En los años 60, el etólogo Heinz Lorenz utilizó por primera vez el término para describir el comportamiento agresivo de animales que expulsaban intrusos del territorio grupal. En la definición de Leymann (1990), es un fenómeno en el cual una persona o un grupo de personas ejerce violencia psicológica extrema, de manera sistemática y recurrente, durante un tiempo prolongado -por más de seis meses y donde los ataques se repiten con una frecuencia media de dos veces a la semana- hacia otra persona en el lugar de trabajo, con la finalidad de destruir las redes de comunicación de la víctima o las víctimas, acabar su reputación, perturbar la ejecución de su trabajo y conseguir que finalmente esa persona(s) termine por abandonar su lugar de trabajo. El asedio moral aunque no es un tema nuevo (Freitas 2001, Hirigoyen, 2002) es una cuestión delicada y poco discutida (Przelomski, 2002; Barreto, 2000). Para Hirigoyen (2002), el asedio moral es "un fenómeno destructivo del ambiente de trabajo, no sólo por disminuir la productividad sino por favorecer el absentismo, debido a los desgastes psicológicos que provoca".

Capítulo II
Cómo identificar los casos de *bullying*

25. ¿Cómo ocurre una acción de *bullying*?

El *bullying* ocurre cuando un estudiante o varios de ellos eligen como blanco otro(s) exponiéndolo a situaciones humillantes o intimidatorias, por medio de apodos peyorativos, burlas, persecuciones, amenazas, calumnias, entre otros aspectos. Las agresiones son sin motivo y crueles, con la intención de lesionar y ponerlo en situación de inferioridad y tensión. Ocurre de manera repetida en un periodo de tiempo, sin que la víctima haya tenido alguna razón para ser atacado.

26. ¿Cómo diferenciar el *bullying* de otras acciones entre los estudiantes?

Es importante recordar que no es fácil identificar el *bullying* ya que es una forma de violencia muy específica y por el hecho de que no siempre los ataques pueden ser visualizados. Muchas veces el autor utiliza formas más ocultas y silenciosas, como gestos, miradas, expresiones fisonómicas, mensajes en papel humillantes o amenazantes, además de los ataques cibernéticos, que a menudo se producen donde no hay supervisión de adultos.

De esta manera, es necesario reconocer sus criterios y diferenciarlos de lo que hace parte del proceso de socialización o algo natural de la infancia y adolescencia. Por lo tanto, no es *bullying* el hecho de hacer bromas puntuales -divertidas, inconsecuentes o inconvenientes- emitir comentarios u opiniones divergentes, crear conflictos, discutir, pelear, entre otras posibilidades inherentes en las relaciones interpersonales. El *bullying* es intencional, sin motivo, y se caracteriza por la repetición de las agresiones contra aquellos que no pueden defenderse -debido a numerosos factores-, resultando en una gran cantidad de daños que se pueden ver reflejados en el aprendizaje, en la construcción del proceso de socialización en la salud física y mental.

27. ¿Por qué el *bullying* es una violencia difícil de identificar por parte de padres y maestros?

Debido a que los niños que son blanco de *bullying* poco o nada cuentan a sus padres y profesores, haciendo que estos encuentren una gran dificultad para identificar la presencia de estas presiones. Los principales motivos son la vergüenza que experimentan, por ser el centro de bromas, al ser golpeados por compañeros de la escuela, por temor a represalias de los autores, por creer que no serán comprendidos por los adultos o que resolverán solos el problema, porque no quieren llevar más dificultades para la familia o los profesores.

28. ¿Cómo distinguir el *bullying* del conflicto entre compañeros de escuela?

Los conflictos son inevitables, se producen de forma natural en las relaciones sociales y entre los estudiantes no podría ser diferente. En general los conflictos son motivados por las diferencias en los puntos de vista, en ideas, en opiniones, en gustos, en formación de grupos de trabajo o de equipos deportivos, por celos, envidia, traiciones, chismes, etc. Cuando no son mediados o son mal resueltos, pueden generar discusiones y peleas, y estas pueden resultar en agresiones o violencias, que generalmente son actos puntuales. Como lo observa Constantini (2003) no son conflictos normales o peleas que se producen entre los estudiantes, sino verdaderos actos de intimidación preconcebidos, amenazas que sistemáticamente, con violencia física o psicológica son repetidamente impuestas a las personas especialmente vulnerables e incapaces de defenderse, lo que los conduce en la mayoría de los casos a una condición de sometimiento, sufrimiento psicológico, aislamiento y marginalización.

29. ¿En el proceso de identificación, cómo podemos tipificar las formas de *bullying*?

El *bullying* puede ser tipificado en la forma verbal, física, moral, psicológica, sexual, material, social y virtual, todas ellas consideradas dañinas para las víctimas (ver cuadro a continuación). Sin embargo, el *bullying* virtual, tal vez, sea la manera más perversa, debido a la velocidad como se propaga el acoso y la dificultad de la víctima en identificar el autor, que se respalda en la falsa sensación de anonimato e impunidad.

Verbales	Apodar	Molestar	Atacar con groserías
Morales	Calumniar	Difamar	Propagar rumores
Psicológicas	Amedrentar	Perseguir	Humillar
Sexuales	Insinuar	Asediar	Abusar
Materiales	Destrozar	Hurtar	Robar
Sociales	Ignorar	Aislar	Excluir
Físicas	Pegar	Empujar	Golpear
Virtuales	Divulgar imágenes	Enviar correos amenazantes	Crear comunidades

30. ¿Cómo categorizar una acción de violencia como el *bullying*?

Es esencial al clasificar una acción como *bullying* identificar sus criterios, de lo contrario, tanto la identificación como los procedimientos tienden a ser comprometidos. Por lo tanto, independientemente de la forma en que se expone la víctima hay que observar los siguientes criterios:

- Persistencia y continuidad de las agresiones contra la misma víctima.

- Ausencia de razones que justifiquen los ataques.

- Intención del autor en causar daños a la víctima.

- Desequilibrio de poder entre las partes.

- Lesiones causadas a las víctimas.

31. ¿Cómo entender los criterios de identificación del *bullying*?

En primer lugar es importante tener en cuenta que el *bullying* es una violencia sin motivo y deliberada, donde la víctima es atacada sin que haya ofrecido motivos para tal comportamiento. No hay peleas, discusiones, desentendimiento o conflictos. Las acciones son premeditadas y tienen por objetivo herir, intimidar, minimizar, especialmente aquellos que son considerados "diferentes", bien sea por su aspecto físico o psicológico, por su manera de ser, de vestirse, de hablar, orientación sexual, condición social o raza. Son, sin duda, actitudes marcadas por prejuicios e intolerancia, sobre todo, contra aquellos que huyen a determinados patrones estéticos y comportamientos valorados socialmente. Según Shariff (2011), "el *bullying* involucra inevitablemente, un comportamiento declarado o disimulado y asume la forma verbal o física. La grosería gentil y las provocaciones se intensifican hasta llegar al *bullying* cuando la(s) víctima(s) y el(los) autor(es) dejan de estar de acuerdo con relación a en qué momento el comportamiento debe ser interrumpido y cuándo se establece un desequilibrio de poder". Como lo señala Pereira (2002), al igual que otros comportamientos agresivos, es relevante anotar que "el *bullying* se identifica por la intencionalidad de lastimar a alguien, que es víctima y blanco del acto agresivo, mientras los agresores manifiestan una tendencia a desencadenar, iniciar, agravar y perpetuar situaciones donde las víctimas están en una situación indefensa". Eso presupone, que la víctima nada hace o nada hizo para ser atacada, lo que demuestra la falta de razón de la acción. Además de la falta de motivo, la repetición de la acción agresiva, hay que observar el desequilibrio de poder entre las partes, cuya diferencia a nivel de los jóvenes se puede percibir en relación con la diferencia entre fuerzas físicas, emocionales o sociales. Por lo tanto, el desequilibrio es lo que proporciona la ventaja de poder del (de los) autor(es) sobre la víctima, posibilitando, con eso, el proceso de victimización continua y lesiones recurrentes. Por otro lado, se le facilita la conquista de estatus en el grupo social. De acuerdo con Seixas (2009), siendo el *bullying* un comportamiento agresivo intencional que ocurre en el contexto escolar, se distingue de otros comportamientos igualmente agresivos que se repiten sistemáticamente, como lo son la desigualdad de poder entre los estudiantes involucrados (Fontaine & Réveillère, 2004; Olweus, 1993; Rodríguez, 2007).

32. ¿Cuáles son las formas más características del *bullying*?

En el ambiente escolar es la forma verbal, por medio de apodos peyorativos, amenazas, intimidaciones, calumnias, etc. Y la forma física a través de golpes, empujones, peleas, etc. En el ambiente virtual son las ofensas, groserías, calumnias, apodos; la invasión de correos electrónicos y hacerse pasar por otro (falsedad ideológica).

33. ¿Cómo diferenciar el *bullying* del juego de niños?

Es fundamental diferenciar el *bullying* del juego para que no haya un tratamiento equivocado u omisión. Por otro lado, es imprescindible saber que no todo lo que acontece en la escuela es *bullying*. Los juegos se dan naturalmente y hacen parte de las relaciones sociales en la escuela o fuera de ella, lo que hace que el ambiente sea tranquilo y acogedor. Son permitidos en el grupo y tienen por finalidad divertir, sensibilizar, aproximar, integrar, incluir. Algunos pueden ser tendenciosos e inconsecuentes y su aceptación dependerá de los límites de cada participante. Sin embargo, cuando los juegos se convierten en actitudes agresivas y abusivas, con la intención de perjudicar al otro y ponerlo en posición de inferioridad y dominación, pueden originar el *bullying*. Entonces, para que la acción sea considerada *bullying* es necesario observar los criterios expuestos anteriormente.

34. ¿Quiénes son los protagonistas del *bullying*?

Estudios sobre el *bullying* facilitaron el reconocimiento de trazos que coinciden entre los involucrados, lo que ayudó a delinear el perfil psicológico de los participantes y tipificarlas en categorías para una mejor comprensión del fenómeno. Sin embargo, es importante alertar sobre el peligro de la creación de estereotipos lo que seguramente incentivaría aún más el *bullying*, ya que lo que lo sostiene son los modelos estereotipados que inducen la segregación y el prejuicio. Los protagonistas pueden ser tipificados como: víctimas típicas o pasivas; víctimas provocadoras; víctimas agresoras; agresores y espectadores.

35. ¿Cómo identificar las víctimas típicas o pasivas?

Las víctimas típicas o pasivas son el blanco preferido de los practicantes de *bullying,* por ofrecer poca o ninguna resistencia frente a los ataques y por presentar dificultad en buscar ayuda o denunciar el *bullying*. Generalmente, adoptan una postura de escape o de silencio, lo que favorece la continuidad y gravedad de las acciones agresivas de los compañeros. Presentan timidez exagerada, retracción o pasividad, lo que dificulta su capacidad de reacción o de defensa, o de motivar a que los defiendan. Sus características más comunes son: inseguridad, extrema sensibilidad, trazo o característica, que los diferencia de los demás, baja autoestima, ansiedad, aspectos depresivos.

36. ¿Cómo identificar las víctimas provocadoras?

Las víctimas provocadoras son aquellas que terminan atrayendo hacia sí mismas el *bullying* debido a las dificultades sociales o de adaptación. Provocan y atraen reacciones agresivas contra las cuales no logran lidiar, posibilitando la victimización. Sus características más comunes son: inmadurez, dispersión, déficit de concentración, impulsividad, hiperactividad, irritabilidad, inseguridad, intolerancias, incapacidad de defensa y de auto afirmación.

37. ¿Cómo identificar las víctimas agresoras?

Las víctimas agresoras son aquellas que son o ya fueron víctimas y que intercambian los papeles volviéndose agresoras de otros. Pueden integrarse a grupos para reproducir los ataques sufridos o apoyan explícitamente a los practicantes. Sus características de comportamiento son variables, dependen del grado de exposición y compromiso. En algunos casos, son aquellas que protagonizan grandes masacres en escuelas, movilizadas por ideas de venganza, por el *bullying* sufrido.

38. ¿Quiénes son los agresores o autores de *bullying*?

Bullies/agresores/autores[3] son los que practican el *bullying*, es decir, victimizan a los más débiles. Generalmente estos estudiantes de ambos sexos, manifiestan poca empatía. Normalmente, se presentan más fuertes físicamente, emocionalmente o socialmente que sus compañeros de clase y que sus víctimas en particular; pueden tener la misma edad o ser un poco mayores que sus víctimas. Demuestran la necesidad de dominar y subyugar a los compañeros, de imponerse mediante el poder y la amenaza. Pueden vanagloriarse de su superioridad real o imaginaria sobre otros estudiantes. Se irritan fácilmente, son impulsivos y tienen baja resistencia a las frustraciones. Pueden adoptar conductas antisociales, incluyendo el robo, el vandalismo y el uso del alcohol. Su rendimiento escolar, en los primeros años, puede ser normal o estar arriba del promedio; en los siguientes años, generalmente aunque no necesariamente, obtienen calificaciones más bajas y desarrollan actitudes negativas con la escuela.

---

3   Términos distintos utilizados por varios autores/países.

39. ¿Quiénes son los espectadores/testigos de las prácticas de *bullying*?

Los espectadores o testigos representan a la mayoría de los estudiantes que presencian el *bullying*, pero sin sufrirlo ni practicarlo. Los espectadores pueden ser pasivos, aquellos que ven los ataques y lo omiten, o activos, aquellos que incentivan las actitudes del agresor. Sin embargo, muchos espectadores se sienten incomodados con las actitudes de los practicantes y se sienten en el deber de auxiliar a los compañeros involucrados. Muchas veces logran detener el *bullying*, no obstante, pueden convertirse en víctimas o sufrir retaliaciones por parte de los autores al "haberse involucrado donde no los invitaron".

40. ¿Cómo darse cuenta de que un estudiante es blanco de *bullying*?

Para saber si un estudiante es blanco de bullying, es necesario, en primer lugar, observar su comportamiento y su participación. Además tener cautela para no rotular o precipitarse en la identificación. Un estudiante, incluso presentando las características que mencionaremos a continuación, no es necesariamente blanco de *bullying*. En general, el estudiante que está sufriendo *bullying* se retrae o se separa socialmente. Presenta un aspecto triste, deprimido o de irritación. Falta frecuentemente a las clases, sin justificaciones convincentes. Solicita que lo cambien de grupo, salón o escuela. Pierde la concentración, el entusiasmo por los estudios y puede tener una caída acentuada en el rendimiento escolar, además de frecuentes quejas de dolores de cabeza, de estómago, fiebre, diarrea o vómito.

41. ¿Cómo darse cuenta de que un estudiante práctica el *bullying*?

De la misma manera, para saber si un estudiante práctica el *bullying* es necesario observar su comportamiento y participación. Una vez más, es necesario cautela para no crear estereotipos o equívocos en la identificación. En general, el practicante, presenta características peculiares de comportamiento que lo diferencia de los demás compañeros, como irritabilidad, agresividad e impulsividad. Sus actitudes abusivas, intimidadores y prepotentes despiertan la atención de los adultos de la escuela. Sienten la necesidad de llamar la atención, conquistar la popularidad y el respeto. Constantemente, está involucrado en problemas y malentendidos, subyuga, domina, constriñe, humilla y persigue a los más tímidos y vulnerables. Desafía, irrespeta, provoca, perturba el ambiente escolar y a sus compañeros. Pueden tener mayor estatura y fuerza física que la víctima lo que seguramente le facilitará la dominación. También pueden tener menor estatura y fuerza física, pero emocional y socialmente pueden estar en ventaja, ya que muchos del grupo apoyan sus acciones.

42. ¿Cuáles son los factores que los autores de *bullying* utilizan para ejercer poder sobre sus víctimas?

Generalmente, los autores se aprovechan de su estatura y/o fuerza física; estatus social; reclutan a otros elementos del grupo para victimizar, conocen una debilidad de la víctima o de su familia, liderazgo y/temor en el grupo; disimulación y manipulación que los mantiene libres de sospecha, entre otros.

43. ¿Cuáles son los principales blancos de *bullying*?

Cualquier estudiante puede llegar a ser una víctima de

bullying, desde aquel que se destaca en la clase por su desempeño en el aprendizaje o en alguna modalidad deportiva hasta aquel que se destaca por presentar alguna particularidad que lo diferencia de los demás, como obesidad, estatura, raza, orientación sexual, religión, acento, condición socioeconómica, entre otras posibilidades. Sin embargo, los agresores prefieren atacar a aquellos que no ofrecen resistencia como los inseguros, ansiosos, temerosos, retraídos, que tienen pocos o ningún amigo o los que presentan dificultades de relacionamiento y de defensa.

44. ¿Es posible, identificar a un estudiante que esté sufriendo de *bullying* en la universidad? ¿Cuáles son las señales?

Es posible identificarlo, pero no es fácil. Es necesario que los compañeros universitarios y los profesionales estén atentos, debido a que el autor, generalmente, alega que sus actos son bromas o tiende a responsabilizar a la víctima por su manera de ser y de actuar. Sin embargo, algunos comportamientos pueden denunciar el *bullying*, como, por ejemplo: retracción e introspección exagerada, baja autoestima, dificultades en las relaciones interpersonales, aislamiento; diferencias acentuadas que lo distinguen de los demás, viniendo a ser blanco de burlas o comentarios peyorativos (obesidad, estatura, orientación sexual, necesidades especiales, dificultades en el aprendizaje, acento, raza condiciones socioeconómicas, entre otras). Algunos presentan apatía e irritabilidad, desmotivación por los estudios, absentismo, además de quejas frecuentes de los compañeros y/o de síntomas, como dolores de cabeza o estómago, diarrea, vómito, transpiración, imposibilitando al estudiante a permanecer en la clase. Es claro que estamos hablando de señales, lo que no justifica la generalización o rotulación de los estudiantes.

Capítulo III
Los efectos del *bullying* en la vida de niños y adolescentes

45. ¿Las consecuencias del *bullying* recaen sobre todos los involucrados?

Las consecuencias del *bullying* afectan a todos los involucrados, y pueden ser percibidas en corto, mediano y largo plazo. No obstante, las víctimas son las más perjudicadas, en especial, si son intimidadas de forma continua y severa en la infancia. Si no hay intervenciones efectivas y acompañamientos sistemáticos, podrían cargar consigo secuelas de victimización, pudiendo llegar más allá del periodo académico. Entre tanto, las víctimas y los autores presentan un estado general de salud física y mental inferior con relación a los individuos que no se involucraron en el *bullying*. Ambos tienden a tener mayores problemas psicosomáticos, incluyendo la ansiedad, baja autoestima y depresión.

46. ¿Cuáles son las consecuencias del *bullying* para las víctimas?

Las consecuencias del *bullying* para las victimas pueden estar dadas, por ejemplo, en el área de la salud. Es común identificar síntomas físicos, como dolores de cabeza, estómago, garganta, y síntomas psicosomáticos, como irritabilidad, nerviosismo, cansancio, falta de apetito, insomnio, ansiedad, entre otros. Según lo señala Pereira (1997), las víctimas podrán tener "la vida infeliz, destruida, siempre bajo la sombra del miedo, la perdida de autoconfianza y confianza en los otros, falta de concentración, la muerte en casos más graves (muchas veces el suicidio o víctima de homicidio); y dificultades en la adaptación a la vida adolescente o la vida adulta, incluso problemas en las relaciones íntimas". En casos más extremos, además de sufrir estrés, depresión y falta de confianza en la vida adulta, el *bullying* puede terminar en suicidio -*bullycide*-. Según lo afirma Amado (2005) el *bullying* está en la base de las depresiones o dificultades de inclusión social futura de la víctima, cuando adulta, así como parece existir una mayor incidencia de delincuencia en los jóvenes con un histórial de autoría de *bullying* en la escuela.

47. ¿En la vida escolar, cuáles son las consecuencias del *bullying* para las víctimas?

Según Shariff (2011), "el impacto del *bullying* en los niños y jóvenes en lo que se refiere al curso normal de la vida escolar no es igualmente reconocido, pero también puede ser devastador. El sufrimiento mental por la exclusión social causada por el *bullying* físico o psicológico es suficiente para destruir la autoconfianza de cualquier adulto -y más de un niño- quien podrá sufrir efectos para toda la vida. Estudios destacan problemas en el proceso de aprendizaje, como dificultad de concentración, dispersión, baja productividad, dificultad de adaptación, una acentuada baja en el rendimiento escolar, desmotivación por los estudios, absentismo, reprobación y evasión escolar.

48. ¿Las víctimas pueden superar el trauma del *bullying*?

Todo dependerá de la gravedad de exposición al *bullying*. De acuerdo con las características individuales de aquel que es expuesto y sus relaciones con los medios donde conviven, principalmente en cuanto al soporte familiar y escolar, podrán superar o no el trauma de victimización. Cuando no es superado, podrán aislarse socialmente como estrategia para evitar agresiones o huir del problema.

49. ¿Cuáles son las consecuencias a futuro para quienes practican el *bullying*?

Los estudios han demostrado que las consecuencias afectan tanto a las víctimas como a los agresores, pudiendo ser efectos incluso a largo plazo (Williams, Chambers, Logan, & Robinson, 1996). En el caso de sostener el comportamiento agresivo, los opresores tendrán problemas a futuro en lo que concierne al desarrollo y sostenimiento de relaciones positivas (Bullock, 2002). Comparativamente, los agresores tienen mayor tendencia a comportamientos de riesgo que sus compañeros no agresores, pudiendo dedicarse al consumo de tabaco (King, Wold, Tudor-Smith, & Harel, 1996), de alcohol (Due, Holstein, & Jorgeensen, 1999; King et al., 1996) y de drogas (DeHaan, 1997). Por otro lado, el comportamiento agresivo puede solidificarse con el tiempo, comprometiendo las relaciones afectivas y sociales, además del aprendizaje en valores humanos como la solidaridad, la empatía, la compasión, el respeto por sí mismo y por el otro, lo que afectará diversas áreas de su vida. Muchos tienden a la depresión y el suicidio, a la autoflagelación, a la delincuencia, al uso de drogas y a la criminalidad. A futuro, pueden cometer violencia doméstica y asedio moral en el trabajo.

50. ¿En la vida escolar, cuáles son las consecuencias del *bullying* para los practicantes?

Las consecuencias del *bullying* en la vida escolar de los practicantes son inmediatas, pueden ser identificadas en el proceso académico por medio de la dificultad de concentración, de aprendizaje y de cumplimiento de las reglas, bajo rendimiento, distanciamiento de los objetivos escolares, absentismo, reprobación, evasión escolar. Según Teixeira (2011), el patrón de comportamiento demostrado en el colegio tiende a repetirse en la universidad, en el ambiente de trabajo y en la vida adulta de forma general.

51. ¿Cuáles son las consecuencias para los estudiantes que intercambian papeles de víctimas a autores de *bullying*?

Los niños que intercambian papeles, actuando como víctimas y como autores, presentan riesgos psicológicos más graves que aquellos niños que sólo son autores o víctimas. Los estudiantes que actúan en ese sentido pueden presentar problemas psicológicos más graves, tienden a buscar pares fuera de los patrones y presentan un desempeño escolar precario. Los que oscilan entre practicar y ser víctimas (DiGiulio, 2001; Hall, 1999) demuestran una mayor tendencia a la agresión grave y a la criminalidad en la edad adulta (peleas físicas, uso de armas, práctica del robo).

52. ¿Cuáles son las consecuencias para los estudiantes que presencian las prácticas de *bullying*?

Muchos espectadores, incluso sin sufrir directamente las agresiones se sienten incomodados y hasta traumatizados por el sufrimiento del otro. Algunos reaccionan negativamente, ya que su derecho a aprender en un ambiente seguro y solidario fue violado, o puede influenciar su desempeño académico y social, además de perjudicar su salud emocional y física. El miedo de convertirse en blanco de *bullying* hace que muchos espectadores tengan problemas en el aprendizaje. Con el tiempo, pierden el entusiasmo por los estudios, esquivan las relaciones sociales y se desencantan de la escuela, al significarles un espacio de inseguridad y tensión. Muchos espectadores se aíslan socialmente, evitando la relación directa con los compañeros. Otros, como defensa, adoptan posturas reactivas, como agresividad, pasividad o apatía, reflejándose en el desarrollo de sus habilidades relacionales -de hacer amigos y de integrarse a grupos-. El hecho de presenciar el *bullying* puede generar en muchos estudiantes tensión, miedo, rabia, revueltas e inconformismo. Infelizmente, con el tiempo las actitudes de los intimidadores pasan a hacer parte de la cotidianidad de la escuela, lo que puede resultar en acomodación o psico-adaptación. Algunos espectadores acaban viendo en el *bullying* una fuente de diversión y placer, lo que refuerza las actitudes agresivas realizadas por los compañeros o se inspiran en ellas para perseguir el mismo blanco o elegir otro(s).

53. ¿Las masacres que ocurren en las escuelas pueden ser resultado del *bullying*?

Podemos relacionar la mayoría de las masacres con él. El Servicio Secreto del Departamento de Educación Norteamericano, emitió en el 2002 una relatoría confirmando que de los 37 incidentes en las escuelas que tuvieron que ver con 41 adolescentes que abrieron fuego a sus compañeros, el motivo principal era que "muchos se sentían perseguidos y eran atacados por aquellos contra quienes dispararon". A pesar de ser más común la venganza contra aquellos que los perseguían, algunos casos divulgados por los medios relatan ex-estudiantes que volvieron a sus escuelas en busca de reparación. Como ejemplo, podemos citar la reciente tragedia ocurrida en la ciudad de Río de Janeiro, en abril de 2011 en la Escuela de Tasso da Silveira, barrio de Realengo. Un ex-estudiante de 24 años, que había sido perseguido en su época escolar, regresó disfrazado de conferencista y abrió fuego contra los estudiantes. El saldo fue 12 adolescentes muertos y 11 heridos, además de toda una sociedad chocada con los acontecimientos. En seguida, el joven se suicidó.

Capítulo IV
Las causas del *bullying*

54. ¿Qué está por detrás del comportamiento de quien práctica el *bullying*? ¿Las acciones de agresores pueden estar relacionadas con problemas familiares o dificultades sociales y de aprendizaje?

No podemos generalizar ni estigmatizar a los niños con problemas familiares o dificultades de relacionamiento o de aprendizaje. Sin embargo, es común encontrar como autor del *bullying* a niños provenientes de lugares desestructurados, violentos, permisivos, intolerantes, negligentes. Hay que pensar que el niño tiene en el adulto un modelo de identificación y sus actitudes son copiadas y reproducidas en las relaciones sociales. No obstante, no existe una única causa que determine ese tipo de comportamiento, sino un conjunto de factores que propician el *bullying*, entre ellos, la influencia familiar, escolar, mediática, cultura, social y económica.

55. ¿El comportamiento de los padres puede favorecer el *bullying*?

Con seguridad, finalmente los niños aprenden por medio de la observación y la experiencia. Ellos son el reflejo de sus padres y los modelos educativos. Por lo tanto, los padres que utilizan lenguaje ofensivo, humillante o maltratos para ser obedecidos enseñan a sus hijos que la violencia es el medio que debe ser utilizado en la resolución de conflictos. Por otro lado, los padres ausentes, permisivos o que no establecen reglas y límites favorecen comportamientos irrespetuosos, prepotentes, intolerantes. Los padres sobreprotectores, perjudican el desarrollo de la autonomía, lo que compromete la habilidad de toma de iniciativas y decisiones, de posicionamiento y de lidiar con frustraciones. Siendo así, los ejemplos de los adultos pueden enseñar a los niños a tener actitudes correctas, coraje, integridad, compasión, respeto por los otros. También, pueden enseñar a los niños a ser irrespetuosos, intolerantes, prejuiciosos, violentos.

56. ¿Cuáles son las causas del *bullying*?

Para comprender las causas del *bullying* es necesario, sobre todo, pensar en la violencia de forma general, ya que no tiene sentido estudiarla de manera aislada o fragmentada de las otras formas de violencia que ocurren en el ambiente escolar o fuera de él. La violencia es un fenómeno social, cuyas raíces están fundadas en la intolerancia, el irrespeto, el preconcepto. Por lo tanto, pensar en violencia específicamente, entre individuos, es pensar en la agresividad humana. En ese sentido, hay controversias entre los investigadores en cuanto a si el instinto agresivo es aprendido o hereditario. Algunos aseguran que factores hereditarios y niveles hormonales pueden causar el aumento de la agresividad humana. Otros aseguran que la agresividad se aprende por medio de experiencias de observación. Hay quienes acreditan que en cuanto la biología conduce a ciertas predisposiciones, el ambiente estimula el desarrollo del comportamiento agresivo. Podemos concluir que son innumerables las causas que originan el *bullying*, sean estas de orden familiar, psicológico, social, cultural, político. Sin embargo, es cierto que los niños tienen como pauta los ejemplos de los adultos sobre todo en la manera de relacionarse o resolver sus conflictos, tanto en el seno familiar como en el escolar.

57. ¿Cuáles son las fuentes que influencian el comportamiento de los que se involucran en *bullying*?

Las fuentes que influencian el comportamiento de los que se involucran en *bullying* pueden estar asociadas: a la familia, con sus modelos autoritarios o permisivos de educación, promoviendo la sumisión, la inseguridad, la falta de límites o la agresividad y violencia; a los medios de comunicación a través de los noticieros, las películas, las telenovelas, los programas de humor y los juegos virtuales y video juegos, donde exhiben incesantemente escenas de violencia; a las actitudes culturales, como la intolerancia y el preconcepto, generadoras de discriminación y odio sistemático contra individuos y grupos específicos; a las escuelas con sus políticas inadecuadas y la falta de preparación de los profesionales para enfrentar los problemas de comportamiento y emocionales de los estudiantes; a la falta de inversión y de políticas públicas específicas, entre otras.

58. ¿Cómo pueden los medios de comunicación (series de TV, películas, juegos) contribuir al surgimiento del *bullying*?

Algunos estudios señalan una estrecha relación entre la violencia en la TV y el comportamiento agresivo de los niños. Los contenidos violentos presentados en las películas, los juegos, los programas de humor, series, pueden incitar al *bullying*, teniendo en cuenta que, dependiendo de la edad, el niño no consigue distinguir entre lo real y lo ficticio, lo que lleva a validar el comportamiento y utilizarlo en sus relaciones sociales. El estudio realizado por el *National Institute of Mental Health* destaca tres efectos negativos de la violencia en la televisión sobre los niños; primero, insensibilidad al dolor y al sufrimiento del otro; segundo, miedo e inseguridad con relación a las personas y el mundo alrededor; tercero, agresividad.

59. ¿Los niños que practican el *bullying* tienen conciencia de las consecuencias de sus actos?

Generalmente, los niños y adolescentes no tienen conciencia de que están actuando con agresividad. Sin embargo, saben lo que están haciendo, pues sus acciones son planeadas y ejecutadas -normalmente, lejos de los ojos de los adultos-, con el objetivo de causar daño. Lo que los niños no tienen es conciencia de las consecuencias de sus actos y de las responsabilidades que les pueden ser atribuidas a ellos, a los padres o a los responsables.

60. ¿Por qué la escuela también puede ser señalada como una de las fuentes de *bullying*?

Porque muchas escuelas son extremadamente permisivas u omiten las actitudes prejuiciosas, intolerantes, discriminatorias, irrespetuosas o agresivas de los estudiantes. Un ambiente demasiado tolerante puede ser terreno fértil para el surgimiento del *bullying*. Los adultos que ignoran el sufrimiento de los niños y adolescentes, que no actúan eficazmente, que no los protegen, están emitiendo el mensaje a los autores de *bullying* que sus acciones son aceptadas y no serán castigadas.

Capítulo V
Comprenda el *cyberbullying*, sus causas y consecuencias

61. ¿Qué es el *cyberbullying*?

Cyberbullying es el *bullying* en el ambiente virtual, donde el autor utiliza las herramientas de la tecnología de la información y la comunicación, en especial de la internet y el celular, para maltratar a los compañeros. De acuerdo con el sitio de internet *Public Safety* Canadá (2008), el *cyberbullying* consiste en el uso de nuevas tecnologías de la información y la comunicación para "amenazar físicamente, asediar verbalmente o excluir socialmente a un individuo o un grupo".

62. ¿Cómo ocurre el *cyberbullying*?

El *cyberbullying* ocurre cuando uno o varios estudiantes intimidan, asedian, amenazan, calumnian, difaman, persiguen a otro u otros, intencional y repetidamente, sin motivos aparentes, por medio de cualquier vía tecnológica. Información confidencial o falsa, rumores maliciosos, fotografías con montajes y videos con contenido sexual o violento son divulgados. Mensajes amenazadores y humillantes son publicados. Son creadas comunidades que incentivan el odio, el racismo, la homofobia, para hablar mal de los compañeros. Perfiles falsos, invasión de la privacidad, publicación de mensajes con calumnias en las redes de relacionamiento social entre otras tantas acciones, que se multiplican como la velocidad del mundo virtual. Creyendo en la falsa sensación de anonimato e impunidad las acciones tienden a agravarse, resultando en riesgos y perjuicios para los participantes, en especial las víctimas.

63. ¿Qué diferencia el *cyberbullying* del *bullying* tradicional?

La diferencia es que el *bullying* ocurre en el mundo real, mientras que el *cyberbullying* ocurre en el mundo virtual, donde prácticamente no existen reglas de convivencia y posibilidad de identificación. Cuando un niño es maltratado en la escuela, generalmente, puede decir quién es el autor, sabe describir su apariencia y puede evitar su presencia. Sin embargo, en el ambiente virtual eso es casi imposible, lo que genera una gran tensión, estrés e impotencia, que puede virar en comprometer las relaciones sociales, ya que todos los compañeros pasan a ser sospechosos.

64. ¿Cuáles son los criterios para identificar el *cyberbullying*?

Los criterios para identificar una acción de *bullying* son, independientemente si ocurren en un espacio escolar o virtual. El autor de *bullying* actúa intencionalmente, con el objetivo de perjudicar al otro, o de comprometer su imagen y reputación delante de los compañeros de la escuela. En el *cyberbullying* tales objetivos son alcanzados a escala global, lo que hace que muchas víctimas y sus familias tengan que recurrir a la justicia para buscar la identificación del autor y la reparación del daño causado. El autor no se satisface con exponer al o a los compañeros en el ambiente escolar, es necesario ir más allá. Para eso, se vale de la divulgación de sobrenombres vergonzosos, de montajes fotográficos, de comentarios discriminatorios, prejuiciosos, sexistas, de encuestas para recopilar opiniones de otros con el fin de desmoralizar aún más a la víctima. Las acciones son humillantes, amenazadoras, perversas y tienden a agravarse, ya que la víctima no consigue defenderse de quien lo ataca ni de los ataques, que día y noche vuelven su vida un infierno.

65. ¿Cualquier estudiante puede vivir a salvo del *cyberbullying*?

Seguramente, cualquier estudiante puede vivir a salvo tanto del *bullying* en el ambiente escolar como en el ambiente virtual. Pero, cualquier estudiante puede recibir contenidos difamatorios, tener su nombre e imagen expuestos en el mundo virtual, recibir amenazas y ser envuelto en una telaraña de intrigas, cuyos resultados varían desde un pequeño malestar a un impacto devastador. La mayor seducción de la Internet no está en las herramientas cada vez más evolucionadas, sino en el anonimato. La certeza del anonimato es lo que conduce a los practicantes a desarrollar actitudes crueles e irresponsables, ya que pierden totalmente los mecanismos de inhibición pues nadie ve o sabe lo que hacen. No obstante, nadie es totalmente anónimo en la Internet. Es posible que la mayoría de las actividades sea rastreada y los autores sean también identificados y responsabilizados, así como los adultos, que son sus responsables.

66. ¿Cuándo un juego sobrepasa el límite y se convierte en *cyberbullying*?

Los juegos entre compañeros son normales y deben suceder, para que los lazos se estrechen cada vez más, debido a la relajación y la intimidad. Sin embargo, el límite es sobrepasado cuando el juego pierde la gracia y se transforma en ofensas o humillaciones. Por lo tanto, para que la acción sea considerada *cyberbullying* debe ser intencional y repetitiva contra el mismo blanco, sin que este haya motivado tales comportamientos, lo que resulta en perjuicios que pueden ser morales, materiales, emocionales.

67. ¿El *cyberbullying* puede ser considerado más grave que el *bullying* que ocurre en el ambiente escolar?

Podemos afirmar que sí. En tanto el *bullying* ocurre en un espacio privado de convivencia, el *cyberbullying* ocurre en un espacio público, lo que aumenta exponencialmente la exposición y el sufrimiento de aquellos que son blanco. La facilidad de la conexión entre las personas en tiempo real, la velocidad de la propagación del contenido divulgado, la tendencia de las víctimas a reproducir los abusos y la dificultad de identificar el autor -que se respalda en la falsa sensación de anonimato e impunidad- son algunos de los factores que vuelve el *cyberbullying* aún más perjudicial. Por otro lado, es más peligroso porque aquello que sucede en el mundo virtual se materializa en el mundo real de la escuela, volviéndose escenario de desacuerdos, desconfianzas, intrigas, conflictos y desentendimientos -incluso entre los familiares de las víctimas con la escuela, que muchas veces recurren a la justicia para resolver el problema-. Aún es necesario pensar que el *bullying* es un medidor de que la convivencia en la escuela o fuera de ella es un asunto que no puede ser tomado de manera negligente, siendo este reflejo de la convivencia en el mundo de los adultos, marcada por frecuentes actos de intolerancia, irrespeto, prejuicios, ausencia de empatía, gentiliza y compasión.

68. ¿Por qué el *cyberbullying* puede ser más peligroso que el *bullying*?

El alcance y el impacto de un video publicado en *youtube*, de una fotografía o un mensaje publicado en un blog son inmensos. En el ambiente escolar la víctima puede ser atacada en cuanto está presente en el lugar, mientras que en el *cyberbullying*, la víctima puede ser atacada en su cuarto, perseguida 24 horas por día, 7 días a la semana, recibiendo mensajes en el celular o en su página de *Facebook*, por ejemplo.

69. ¿La escuela puede ser considerada el lugar más común donde se presenta el *cyberbullying*? ¿Los autores normalmente son compañeros de clase o de la misma escuela?

Al contrario, la escuela es el lugar donde existe una menor incidencia de *cyberbullying*. Las prácticas ocurren por medio de computadores personales, en las residencias de los estudiantes. Generalmente, los autores estudian en la misma clase o en la misma escuela que los blancos. Por eso, lo que sucede en el salón de clases o en el patio de recreo, se convierte en un asunto de discusión virtual, en las redes sociales, en los mensajes instantáneos enviados a través de celulares, etc.

70. ¿Hay adultos comprometidos en el *bullying* o *cyberbullying*?

El término *bullying* o *cyberbullying* se refiere a una forma de violencia que ocurre entre pares, con mayor incidencia entre los estudiantes que conviven en un mismo espacio, que puede ser real o virtual. Sin embargo, en algunos casos existe la participación de un adulto que figura como el incentivador o apoyo de las acciones. En ese caso, podrá se responsabilizado por incitar el *bullying* o *cyberbullying*. Fue lo que ocurrió con Lori Drew, una madre que creó un perfil en *MySpace*, con ayuda de su hija -que había tenido malos entendidos con su compañera Megan Meier, de 13 años-, y de una asistente. Lori se hacía pasar por un joven llamado Josh Evans de 16 años, que decía estar enamorado de Megan. Después de algún tiempo de mensajes románticos la joven comenzó a recibir mensajes crueles. Su último mensaje antes de suicidarse decía, que "el mundo sería un lugar mejor sin ella".

71. ¿Por qué el *cyberbullying* perjudica las relaciones sociales en la escuela?

Porque el hecho de que el autor se mantenga en el anonimato o se haga pasar por otro compañero, favorece la aparición de desconfianza en las relaciones sociales. Hecho perjudicial, ya que todos los compañeros pasan a ser sospechosos de las acciones, haciendo que la víctima evite a los compañeros, se aísle, se distancie y/o haga uso de la superficialidad y muchas veces de la falsedad en sus relaciones.

72. ¿Es posible identificar las víctimas del *cyberbullying*?

Si el *bullying* en la escuela no es fácil de identificar, es aún más difícil identificarlo cuando ocurre en el espacio virtual, ya que la mayoría no se queja o busca orientaciones de la escuela o, además, no denuncia ante los órganos competentes, a no ser de que se trate de casos graves, como amenazas, chantajes o ataques en contra de la honra. Sin embargo, es posible pensar que el *bullying* va en doble vía, generalmente, lo que le sucede a la víctima en el aula o en el patio de recreo se replica en el ambiente virtual. Por otro lado, también es posible pensar que el *bullying* que ocurre en la Internet se materializa en la escuela, aumentando aún más el sufrimiento de la víctima.

73. ¿Es posible trazar un perfil de las víctimas, para facilitar la identificación de los casos de *cyberbullying*?

Es importante pensar que cualquier estudiante puede sufrir ataques de algunos compañeros, tanto en el ambiente escolar como en el virtual. Sin embargo, los potenciales blanco son aquellos que presentan alguna particularidad o diferencia, como estatura, orientación sexual, peso, raza, acentos, extrema timidez, dificultades de aprendizaje o de relacionarse con otros. Por otro lado, aquellos que presentan comportamientos diferentes también pueden ser blanco de burlas, humillaciones, comentarios sexistas o racistas. Es el caso de los que son gentiles, educados, generosos, estudiosos, atentos o inseguros, irritados, mimados, exigentes, antipáticos o agresivos. O de aquellos que se destacan en el aprendizaje o en otras habilidades como en los deportes, en la música o la danza.

74. ¿Es posible trazar un perfil de los autores de *cyberbullying*?

De la misma manera, no es fácil trazar el perfil de los autores de *cyberbullying*, ya que la mayoría se mantiene en el anonimato, se aprovecha de nombres falsos o se hace pasar por compañeros de la escuela, lo que dificulta la identificación por parte de la víctima o de la institución escolar. En muchos casos la identificación sólo es posible cuando se busca la ayuda de los profesionales especializados en crímenes cibernéticos, debido a la gravedad del contenido divulgado. Generalmente, los autores son aquellos que buscan popularidad y aceptación en el grupo; que necesitan mantener un determinado estatus social; que no saben respetar las reglas de convivencia; que no saben ponerse en el lugar del otro; que están constantemente involucrados en problemas y malentendidos; que se valen de lenguajes humillantes y ofensivos y comportamientos irrespetuosos, intolerantes y discriminatorios, para llamar la atención hacia ellos.

75. ¿Cuáles son las razones que llevan a un niño o adolescente a estar involucrado en el *cyberbullying*?

Las razones para la participación en el *cyberbullying* están asociadas principalmente, a la falta de orientación de los usuarios infantiles y juveniles sobre el uso ético y responsable en la utilización de la tecnología de la información y la comunicación, así como, de las posibles responsabilidades legales para los practicantes y sus responsables; la falta de canales de comunicación para que las víctimas puedan denunciar y buscar auxilio, sin miedo a tener represalias; la falsa sensación de anonimato e impunidad de los autores; la convivencia y omisión de los que participan directa o indirectamente de este tipo de asedio.

76. ¿Cuáles son las consecuencias del *cyberbullying* para las víctimas y los autores?

Las consecuencias del *bullying* en el ambiente virtual son similares a las del *bullying* en el ambiente escolar. Las víctimas presentan un gran desgaste energético, físico, emocional y psicológico. Sus efectos se pueden notar en una caída de la autoestima, de la concentración, del rendimiento escolar, así como la ansiedad, miedo, irritabilidad, apatía. Dependiendo de la gravedad y del tiempo de exposición pueden presentar síntomas depresivos e ideas suicidas, así como llevar a cabo el suicidio. Los autores pueden presentar problemas de adaptación y de interacción social, comportamientos inadecuados y/o violentos, participación en la delincuencia y criminalidad, distanciamiento de los objetivos escolares, bajo rendimiento y abandono escolar, problemas emocionales, entre otros.

Capítulo VI
Orientaciones para las escuelas sobre el *bullying*

77. ¿Por qué las acciones desarrolladas por las escuelas en diversos países, aún parecen insuficientes para contener el *bullying*?

Porque generalmente, las escuelas desarrollan acciones puntuales, por medio de conferencias, actividades de investigación o encuestas, publicación de pancartas. Sin embargo, las medidas más eficaces son las discutidas, planeadas, aplicadas y evaluadas por la comunidad escolar. La escuela sola no logra resolver la cuestión del *bullying* sin la participación, orientación y asistencia de la familia, sin la formación de un equipo inter y multi profesional para el seguimiento y orientación de los casos, sin el apoyo de instituciones que aseguren los derechos infantiles y juveniles, sin el compromiso efectivo del Gobierno en la creación de políticas públicas y la aplicación de inversión en proyectos concretos que ofrezcan oportunidades de cambios significativos en la vida de niños y adolescentes, en la capacitación de profesionales de la educación, salud, asistencia social, entre otros, para el desarrollo de programas preventivos, en campañas mediáticas que valoren la familia, la escuela y sus profesionales, que incentiven a los jóvenes por medio de ejemplos positivos, para tomar actitudes de solidaridad, tolerancia, respeto a sí mismo y al otro, de dignidad y honestidad.

78. ¿Cuál debe ser el papel del profesor en la contención del *bullying*?

El papel del profesor, indiscutiblemente, es el conocimiento. Este puede adquirirlo por iniciativa personal o por capacitación profesional. La escuela debe comprometerse en proporcionar a sus docentes y demás profesionales cursos de capacitación continuada, para que sean capaces de identificar, intervenir, encaminar y prevenir el *bullying* y promover una educación para la cultura de la paz.

79. ¿El profesor debe incentivar a la víctima a reaccionar ante el *bullying*?

El profesor debe incentivar a la víctima a reaccionar ante el *bullying* desde que sea por medio del diálogo. Es importante que el niño aprenda a posicionarse asertivamente, que busque la ayuda de compañeros o de adultos; que denuncie los hechos; que aprenda a exteriorizar sus sentimientos; que no reaccione con agresividad o violencia; que no reproduzca los ataques.

80. ¿Qué tipo de actividades pedagógicas son más eficaces para enfrentar el *bullying*?

Con seguridad aquellas que valoran a la persona humana, sus sentimientos, sus emociones, o sea, el estímulo de la paz personal e interpersonal. Las asambleas de estudiantes para discutir problemas escolares y la búsqueda de soluciones; las acciones de interiorización y vivencia de valores humanos; las actividades solidarias, recreativas, deportivas y culturales son algunos ejemplos de actividades que pueden realmente enfrentar el *bullying*.

81. ¿Cómo deben los profesores trabajar el tema del *bullying* en el salón de clase?

En primer lugar, los profesores deben entender que las acciones puntuales no son capaces de resolver el problema. Por eso, las escuelas deben implantar programas de *antibullying*, compuesto por un conjunto de estrategias que intervengan y prevengan, contemplando la participación de toda la comunidad escolar. Sin embargo, los profesores deben introducir el tema en las discusiones dentro del salón de clases, abordando los siguientes aspectos: qué es *bullying* y *cyberbullying*; diferencias entre el *bullying*, el juego y los conflictos; quiénes son los involucrados; causas y consecuencias; qué se debe hacer frente a los ataques, cómo denunciar y dónde buscar ayuda; elaboración de reglas de *antibullying*; formación de grupos voluntarios para auxiliar a los compañeros dentro y fuera de los salones de clase; escuchar sugerencias de los estudiantes y aplicarlas cuando sean viables, entre otras.

82. ¿Cómo pueden los profesores aclarar a los estudiantes qué es el *bullying*?

Los estudiantes no tienen claro qué es el *bullying*. Necesitan entender que el hecho de que un compañero sea criticado, discriminado o excluido del grupo no significa que sea víctima de *bullying*. Las críticas son naturales y suceden frecuentemente, la discriminación es un mal que necesitamos eliminar de nuestra sociedad y muchos no pertenecen a un grupo porque no tienen afinidades y nadie es obligado a participar donde no quiere. Es fundamental que los estudiantes sepan reconocer una acción agresiva y los criterios del *bullying*; repetición de los maltratos con el mismo blanco, desequilibrio de fuerzas o de poder entre las partes, ausencia de motivos e intencionalidad de causar daño. El profesor debe orientar sobre la importancia del respeto por las diferencias, de ideas, de gustos, de religión, de orientación sexual, de biotipo, etc.

83. ¿Por qué los autores de *bullying* necesitan menospreciar a otro(s)?

Cuando observamos los modelos de comportamiento que son ofrecidos a los jóvenes, bien sea por parte de la familia, de la escuela, de la política, de los medios, de la sociedad, percibimos que cuando se menosprecia o se interioriza al otro genera en la persona sentimientos de superioridad, de dominación, de poder. Aquel que menosprecie al otro puede actuar así por aprendizaje o experiencia. De esta manera, puede ser por necesidad o dificultad de lidiar con el otro, lo que hace que muchos se anticipen y ataquen antes de ser atacados.

84. ¿Por qué parece ser tan difícil eliminar el *bullying* de las escuelas incluso con tanta información disponible?

Porque no existe una receta lista, ya que el *bullying* es un comportamiento y no una enfermedad. Si fuera una enfermedad tendría un remedio o una vacuna. Como comportamiento es necesario identificar sus causas que pueden estar relacionadas con las dinámicas escolares y familiares. En cuanto a la información disponible sobre el asunto, no toda es confiable y eficiente. Hay mucho más especulación que eficacia. Las ideas son demasiado simplistas. Es necesario entender que son numerosos los factores que colaboran en la participación del *bullying*, bien sea como autor o blanco. Por lo tanto, las acciones deben ser amplias, que involucren a toda la comunidad escolar -profesionales, padres y estudiantes-.

85. ¿Cómo pueden enfrentar el *bullying* las escuelas?

Las escuelas deben, en primer lugar, diferenciar el *bullying* de los juegos cotidianos, de los actos de indisciplina y falta de civilidad, de los conflictos y de los diversos acontecimientos del universo escolar. Segundo, entender que no todo lo que ocurre en la escuela es *bullying*, existen otras formas de violencia que deben ser enfrentadas y prevenidas. En tercer lugar, entender que acciones puntuales no resolverán el problema, siendo necesario el desarrollo de programas *antibullying* y que estos hagan parte del proyecto político pedagógico escolar.

86. ¿Las escuelas deben castigar a los estudiantes que practican el *bullying*?

La función de la escuela no es de castigar, pero sí de educar. Ya está comprobado que el castigo no resuelve el problema, si así fuera, el 80% de los jóvenes delincuentes no serían reincidentes como lo muestran los estudios. La escuela debe concientizar a los autores de *bullying* sobre la acción practicada y que va en contra del reglamento interno escolar -en este sentido, la escuela debe aplicar las sanciones previstas, responsabilizando al autor por sus conductas-. Además de eso, es necesario un proceso re-educativo junto con los autores y en alianza con la familia, donde se puedan tratar las causas del comportamiento intimidatorio, mediar y resolver el problema. Los casos graves, obviamente, se salen de la competencia de la escuela y deben ser enviados a las instituciones competentes para que estas tomen las medidas necesarias, lo que no exenta a la escuela de actuar internamente. En caso de que esto suceda, la escuela podrá ser responsabilizada legalmente por omisión.

87. ¿Qué tipo de sanción debe ser aplicada al autor de *bullying*?

Todo dependerá de la gravedad de sus actos. En la esfera escolar, de acuerdo con el reglamento interno, podrá recibir desde advertencia verbal, suspensión, convocatoria de los padres, hasta solicitar la transferencia de escuela. En la esfera judicial, desde advertencia y reparación de los daños hasta la aplicación de medidas socio-educativas y ser internado en establecimientos educativos, cuando sea considerado un acto de infracción. Las prácticas de *bullying* pueden acarrear a los autores y/o sus responsables legales, sanciones administrativas, de trabajo, civiles o criminales, dependiendo del grado y extensión de los daños causados a las víctimas. De acuerdo a la legislación brasilera, aquel que cause daño al otro, por acto ilícito, queda obligado a repararlo. Por lo tanto, las prácticas de *bullying* son susceptibles a sanciones de acuerdo con la constitución federal, código civil, código penal o código del consumidor, entre otras leyes.

88. ¿Cómo deben las escuelas desarrollar programas *antibullying*?

Las escuelas deben desarrollar programas *antibullying* de manera que involucren a toda la comunidad escolar. El programa debe tener como prioridad al niño, que debe ser tratado con dignidad y respeto, proporcionándole un ambiente seguro para que se pueda desarrollar plenamente. Debe también tener como prioridad la capacitación profesional para que todos los adultos de la escuela, desde el portero hasta el gestor sepan identificar e intervenir inmediatamente ante cualquier sospecha o confirmación de *bullying*. El programa también debe priorizar una amplia discusión del tema con la comunidad escolar, donde todos puedan participar de la elaboración de reglas claras contra el *bullying* e incluirlas en el reglamento interno escolar; desarrollar estrategias preventivas por medio de actividades que promuevan la interiorización de valores y actitudes de tolerancia y respeto a las diferencias individuales y socioculturales, solidaridad y empatía; concientizar sobre los derechos y deberes de los niños y adolescentes, padres y profesionales; intensificar la supervisión en las áreas de riesgo; formar grupos de apoyo; incluir a los involucrados en actividades culturales, deportivas, artísticas; promover la cultura de la paz, entre otras que atiendan la especificidad de cada escuela.

89. ¿Cómo deben actuar las escuelas frente al *bullying*?

La escuela necesita estar cargada de toda la información para resolver los casos de *bullying*. Para eso, es necesario que se establezcan alianzas con diversas instituciones y actores sociales -familia, agencias de protección infantil, asistencia social, salud, Ministerio Público-, para no correr riesgos de procedimientos y seguimientos equivocados. Es necesario proteger, orientar y cuidar de los involucrados por medio de estrategias que intervienen y previenen.

90. ¿Cómo pueden las escuelas ayudar a los estudiantes involucrados en el *bullying*?

Las escuelas deben ayudar a los estudiantes participantes bien sea como víctimas o autores, a exteriorizar sus emociones y sentimientos, así como en la búsqueda de soluciones de manera que se sientan seguros y confiados en los resultados. Deben encontrar medios para insertar a ambos en actividades que ayuden en la mejora de la autoestima y la autoconfianza, de la asertividad, de la canalización de la agresividad, del liderazgo positivo, de las actividades de aprendizaje participativo, deben remitir a los involucrados a multiprofesionales cuando perciban cualquier gravedad.

91. ¿Cómo iniciar el proceso de concientización de los estudiantes y familiares sobre el *bullying*?

Las escuelas deben abrir espacios para discutir el tema con los estudiantes y sus familiares por medio de conferencias con especialistas, presentación de películas, artículos, reportajes periodísticos, libros, videos que contengan relatos de víctimas o autores (se sugieren materiales en los anexos del libro). Es importante que los estudiantes aprendan a diferenciar los juegos de los actos agresivos o violentos; que aprendan a respetar los límites de cada uno, así como sus diferencias individuales. También deben ser orientados hacia los beneficios y peligros cibernéticos, así como hacia la ética y responsabilidad en el uso de la tecnología de la información y la comunicación. Además de eso las escuelas deben ofrecer servicios de denuncias, como un número de teléfono o una caja de denuncias. Así mismo, orientar a los estudiantes para auxiliar a los compañeros en el caso de que sospechen o presencien actos de *bullying*; guiarlos para que busquen un adulto de confianza que los ayude a encontrar alternativas y así lidiar con sus frustraciones, agresividad o dificultad de relacionarse de manera respetuosa y solidaria; deben pedir la participación de todos para la construcción de un ambiente escolar seguro, saludable, etc.

92. ¿Cómo deben las escuelas orientar a los espectadores de *bullying*?

Sabemos que la mayoría de los involucrados en *bullying* son niños y adolescentes que no saben el poder que tienen para interrumpir los maltratos. Una vez que el autor necesite de público para exhibir su comportamiento abusivo e intimidador, lo ideal es que los espectadores sean orientados a no ver gracia en las actitudes de los compañeros, es decir, no acolitar o participar en los maltratos. Solamente así los practicantes van perdiendo la fuerza y terminan desistiendo. Las escuelas también deben orientar a los espectadores a no intervenir en determinadas circunstancias, ya que pueden correr riesgos en el caso de que los actores actúen en grupo o en el caso de que sean violentos. Lo ideal es que denuncien los casos, para eso es necesario que las escuelas ofrezcan instrumentos de denuncias confiables y así se sientan seguros en denunciar.

93. ¿Cómo deben las escuelas orientar a las víctimas de *bullying*?

Las escuelas deben orientar a las víctimas para que no se desesperen y sufran en silencio. A pesar de saber que la mayoría de las víctimas no logra defenderse o posicionarse, lo ideal es orientar a los estudiantes en técnicas asertivas, donde aprenderán a posicionarse frente a los ataques. Si no logran parar los ataques, deben ser orientados a buscar inmediatamente el auxilio de los padres, amigos, profesores o profesionales de ayuda. Dependiendo de la gravedad del caso, deben dirigirse, junto con su responsable a los órganos competentes (agencias de protección infantil, asistencia social, etc.).

94. ¿Cómo deben las escuelas orientar a los actores de *bullying*?

Las escuelas deben orientar a los actores afirmando que existen formas no agresivas de lidiar con sus frustraciones, conflictos o agresividad. Que no permitirán ninguna actitud agresiva y abusiva en sus dependencias. Que los profesores están aptos para identificar acciones negativas y actuar inmediatamente de acuerdo con las reglas *antibullying* de la escuela. Que sus actitudes pueden traer lesiones a los compañeros, así como a sus familiares o responsables legales, pudiendo sus acciones resultar en sanciones administrativas, civiles o criminales, dependiendo del grado y extensión de los daños causados a las víctimas. Que existe en la escuela personal de apoyo dispuesto a auxiliarlos a cambiar su comportamiento. Que la escuela tiene un programa *antibullying* y está empeñada en proteger, orientar, auxiliar a todos los estudiantes para que puedan desarrollarse plenamente.

95. ¿En qué rango de edad se debe trabajar la prevención del *bullying*?

Sabemos que niños de temprana edad escolar pueden estar involucrados en *bullying*. Lo ideal es que las escuelas inicien el trabajo preventivo en la educación infantil, evitando así la continuidad a lo largo del tiempo. Cuanto más temprano el niño aprenda y ejercite valores y actitudes coherentes con una cultura de paz, más temprano sabrá respetar y convivir con las diferencias.

96. ¿Qué es el programa educar para la paz?

El programa educar para la paz es un conjunto de acciones que tienen por objetivo prevenir e intervenir en situaciones de *bullying*. Fue desarrollado por Cléo Fante a partir del programa de Dan Olweus, debiendo ser implementado por medio de diversas etapas: diagnóstico; sensibilización de toda la comunidad escolar; capacitación profesional continuada; intervención, prevención; evaluación; sostenibilidad. Su foco está en los estudiantes que son preparados para resistir el *bullying*, o bien sea para auxiliar a compañeros fuera o dentro del salón de clase, "estudiantes solidarios". Cuenta con material informativo para los padres, estudiantes y profesores que integran el programa. Por primera vez fue implantado en una escuela de la red pública municipal en la ciudad de Sao José de Rio Preto, interior del estado de Sao Paulo, desde 2002 hasta 2004. En la primera fase de implementación del programa -conocimiento de la realidad escolar- se pudo identificar que el 67% de los estudiantes estaban involucrados en *bullying*. Luego de un semestre de ejecución de las estrategias *antibullying*, los índices se redujeron a 10%. Luego de 2 años había apenas un residuo del 4% de *bullying* en la escuela. A lo largo de los años, el programa viene siendo innovado con la inclusión de nuevos abordajes y estrategias, transformándose en modelo implantado en innumerables escuelas brasileras, integralmente o adaptado. Es un programa viable, flexible, de fácil asimilación y adaptación a cada realidad escolar. Sus estrategias y técnicas preventivas se han mostrado eficaces en el enfrentamiento del *bullying* y en la promoción de la cultura de la paz.

Capítulo VII
Orientaciones para las escuelas sobre el *cyberbullying*

97. ¿Cómo deben las escuelas orientar a los estudiantes sobre los peligros *online*?

Las escuelas deben orientar a los estudiantes para que no publiquen fotografías, información sobre su rutina, dirección residencial o de la escuela donde estudian, números telefónicos, contraseñas personales o de tarjetas de crédito; para que no acepten o inviten a extraños a integrar redes sociales; para que no inviten ni se encuentren con personas desconocidas; que no envíen o reenvíen mensajes con contenido difamatorio o amenazador; que busquen ayuda en las situaciones que nos son claras.

98. ¿Qué debe hacer la escuela al identificar un estudiante que está practicando *cyberbullying*?

La escuela debe orientar a sus profesionales para que tengan cautela, evitando etiquetar a los estudiantes. En primer lugar, el profesional debe certificarse de que el hecho se trata de *cyberbullying,* o es solamente una acción puntual o conflicto no resuelto en internet. Cuando haya una confirmación, se debe identificar a los involucrados y las causas del comportamiento. Las medidas adoptadas por la escuela deben ser pedagógicas de acuerdo al reglamento interno escolar y, varían de acuerdo con la gravedad de la acción. Las medidas van desde orientación del estudiante sobre sus actos y posibles consecuencias para él y para la víctima; advertencia verbal, sin exponerlo a situaciones vergonzosas; mediación del problema de manera que los involucrados encuentren soluciones viables; discusión del tema con toda la clase, sin evidenciar el problema y los involucrados; promoción de asambleas de estudiantes, para que puedan discutir el tema y encontrar soluciones preventivas. Si el caso es grave, además de la aplicación de las medidas pedagógicas, la escuela deberá remitirlo a otras instituciones como, por ejemplo, la familia, la policía, la agencia de la niñez y adolescencia, Ministerio Público, entre otros.

99. ¿Cómo debe la escuela orientar a los profesores a identificar a un estudiante que es víctima de *cyberbullying*?

De la misma manera, debe orientar a los profesionales para que no se precipiten ni etiqueten a los estudiantes. El profesional debe conversar con el niño y certificar la victimización. Debe acoger y ayudar a la víctima para superar el problema siendo ético, sigiloso y cauteloso y de esta forma no exponerlo aún más. Debe protegerlo para que no sigan los ataques. Dependiendo del caso, la escuela deberá convocar a los padres o responsables de los involucrados en búsqueda de una solución al problema. Cuando el caso sea grave, la escuela debe orientar a los padres para que acudan a auxilio médico, psicológico, policial y/o recurran a la justicia para la reparación de daños.

100. ¿Cómo deben los profesores orientar a los estudiantes sobre el *cyberbullying*?

Es importante que se les oriente sobre lo que es el *cyberbullying*, sus causas, consecuencias y posibles responsabilidades. Deben orientarlos en cuanto a la ética y responsabilidad en el uso de la tecnología de la información. Deben alertar para que no divulguen contenido difamatorio, para que bloqueen a contactos abusivos o de personas desconocidas, así como no respondan a las ofensas recibidas. Además, orientarlos sobre las acciones que deben ser tomadas en caso de que sean víctimas, guardando el contenido ofensivo o difamatorio y buscando inmediatamente un adulto para tomar las medidas necesarias.

101. ¿Cómo pueden los profesores orientar a los padres para evitar el *cyberbullying*?

Lo ideal es que los padres se les oriente a monitorear la convivencia virtual con el fin de garantizar la seguridad de los niños. Deben, además, guiarlos para que chequeen el historial de los sitios que visitan y los contenidos de los mensajes que reciben; que observen cómo se comportan frente al computador y celular; que limiten el tiempo de uso diario de la tecnología; que bloqueen sitios inadecuados para la edad; que mantengan el acceso a la web en un área pública de la casa; que visiten sitios web que contengan consejos de cuidados y mecanismos para evitar los peligros de la internet.

Capítulo VIII
Orientaciones para los padres sobre el *bullying*

102.   ¿Cómo pueden los padres descubrir si sus hijos son víctimas de *bullying*?

A través de la observación, del diálogo y participando en la cotidianidad de sus hijos pueden identificar el *bullying*. Cuando hay victimización, los niños pueden presentar con frecuencia dolores de cabeza y de estómago, diarrea, vómito, transpiración excesiva, ansiedad, pavor al momento de ir a la escuela. Se pueden mostrar insatisfechos, tristes o con miedo de ir a la escuela; piden constantemente faltar a clase, cambiar de grupo, de escuela o del trayecto escolar. Tienen un déficit excesivo en el rendimiento escolar o desinterés por los estudios; tienen dificultades de inclusión y de ser aceptados en grupos de estudio o equipos deportivos; cambian de humor; evitan asuntos escolares.

103.   ¿Cómo deben los padres actuar al descubrir la victimización?

Los padres deben mantener la calma, sin responsabilizar a sus hijos por la victimización y sin incentivar la retaliación. Por otro lado, no deben ignorar el *bullying*, haciéndole creer que hace parte del aprendizaje escolar o que son juegos de la edad. Los padres deben acoger a sus hijos, dándoles afecto y seguridad. Deben ayudarlos a encontrar soluciones de manera que se sientan seguros y confiados. Valorar sus aspectos positivos, fortaleciéndolos en la autoestima y autoconfianza, dándoles coraje para que no acepten cualquier forma de agresión y a buscar siempre ayuda de la familia y de la escuela. Y, además, tranquilizarlos y ayudarlos a trazar planes para solucionar el problema. Deben también buscar ayuda de profesionales de la psicología y/o pediatría, dependiendo de los síntomas presentados. Comunicar a la escuela inmediatamente y exigir que tomen medidas para que los ataques paren. En caso de omisión de la escuela deben buscar a la policía, a la agencia de la niñez y juventud, en búsqueda de orientación y denuncia de lo ocurrido. Si lo que quieren es reparación por los daños causados deben contratar un servicio de abogados o buscar el Ministerio Público.

104. ¿Cómo pueden los padres descubrir si sus hijos practican *bullying*?

Los padres deben siempre prestar atención al comportamiento de sus hijos. En general, los autores del *bullying* presentan comportamientos agresivos, manipuladores o intimidatorios contra familiares, principalmente los hermanos más jóvenes o amigos; son constantemente advertidos por la escuela a causa de comportamientos negativos; están siempre involucrados en problemas y malentendidos; resuelven sus dificultades con su fuerza física o con su poder de intimidación; demuestran intolerancia hacia diferentes aspectos de las personas; buscan popularidad, aceptación y estatus en el grupo; presentan distanciamiento, falta de adaptación a los objetivos y reglas escolares; llevan objetos o dinero sin justificar su origen; suelen resolver sus conflictos por medio de amenazas o violencia.

105. ¿Cómo deben actuar los padres con sus hijos si practican *bullying*?

Es competencia de los padres orientar y ayudar a sus hijos en cualquier situación de la vida. Ignorar el problema o hacer uso de la fuerza no lo resolverá. Desesperarse tampoco ayudará. Lo ideal es dialogar y dejar claro que no está de acuerdo con sus actitudes, pero que pueden ser modificadas. Identifiquen las causas y ofrezcan alternativas para la resolución, tal vez, las causas estén relacionadas con las prácticas educativas que los padres utilizan para hacerse respetar, como regaños exagerados, castigos humillantes, comparaciones absurdas o violencia en la corrección. Por otro lado, puede ser la protección exagerada, falta de límites, permisividad o negligencia y omisión con relación a las necesidades del niño o ante sus comportamientos negativos. Los padres deben orientar a los niños para sean capaces de controlar sus comportamientos. Ayude a sus hijos a desarrollar actitudes solidarias, respetuosas, tolerantes, fraternales, aunque eso se aprende con los ejemplos de los padres. Incentívelos a ponerse en el lugar de los compañeros intimidados; a pedir disculpas por los daños causados; a ayudar a la escuela en campañas *antibullying*; a proteger a los amigos para que no sufran de *bullying*. Cuando los padres no sepan cómo actuar o sus acciones sean insuficientes deben buscar ayuda de la escuela o de profesionales especializados.

Capítulo IX
Orientaciones para los padres sobre el *cyberbullying*

106.   **¿Qué deben hacer los padres para prevenir el *cyberbullying*?**

Los padres deben saber, en primer lugar, que todos los actos practicados por sus hijos menores, son de su entera responsabilidad. Por eso sugerimos que hagan una reflexión sobre su actuación dentro de la familia; que re-evalúen su papel como autoridad, que respeta y es respetado y cuáles ejemplos están ofreciendo a sus hijos, ya que son modelos de identificación. Con relación al *cyberbullying* es importante la adopción de algunas medidas que pueden evitar la posible participación. Los padres deben crear -con la colaboración de sus hijos- reglas para el uso de los computadores, como por ejemplo, tiempo y horario para su utilización, sitios permitidos, etc. Las reglas deben ser sencillas y necesitan ser obedecidas, generando sanciones cuando no sean cumplidas. Deben observar si el computador está instalado en espacios comunes de convivencia, ya que la ausencia de adultos y de vigilancia facilita los peligros *online*. Los padres deben conversar sobre los beneficios y los peligros del mundo virtual. Aclarar qué es el *cyberbullying* y sus consecuencias civiles y criminales; orientar que a pesar de que la convivencia sea virtual, se deben respetar las reglas utilizadas en las relaciones presenciales; orientar que no reenvíen contenidos negativos que reciben para no ser responsabilizados como co-autores; orientar que el anonimato y la impunidad son falsas sensaciones, que es posible rastrear y descubrir el autor del contenido y responsabilizarlo incluso tratándose de un menor de edad. Por otro lado, es interesante que los padres verifiquen la posibilidad de instalar *software* de monitoreo con el fin de verificar si están participando en actividades ilegales o antiéticas.

107. ¿Cómo saber si su hijo es víctima de *cyberbullying*?

Es importante que los padres estén atentos a los comportamientos de sus hijos, cómo utilizan las tecnologías de la información y la comunicación. Deben observar si demuestran preocupación, nerviosismo, excitación, ansiedad o rabia. Si repentinamente evitan o dejan de hacer uso del computador o celular. Si rehúsan a atender llamadas telefónicas o piden cambiar de escuela o se excusan para faltar a clase. También si evitan repentinamente comentar asuntos sobre la escuela o los amigos de la escuela. Algunos síntomas, también, pueden surgir especialmente en el momento de ir a la escuela, como dolores de cabeza y de estómago, fiebre, ansiedad o vómito, temblores, sudor excesivo, mareo, alergias, resfriado, etc.

108. ¿Cómo saber si su hijo es quien práctica el *cyberbullying*? ¿Qué deben hacer los padres?

En general, los padres tienen conocimiento de la participación de sus hijos por medio de la escuela o de algún padre molesto que los busca para obtener una reparación sobre el daño causada. Desafortunadamente, son pocos los que identifican comportamientos abusivos e intentan corregirlos, la mayoría tiende a creer que es propio de la edad o una fase de autoafirmación, que pasa con el tiempo. Por otro lado, cuando cuestionan a sus hijos, estos niegan su participación y dicen que se trata de una burla. Por lo tanto, es imprescindible que los padres participen más activamente en la vida de sus hijos y observen las señales, como cambios repentinos en el comportamiento, irritabilidad frecuente, adopción de actitudes abusivas, prepotentes, dominadoras. Es común que los practicantes de *cyberbullying* se involucren constantemente en problemas, malentendidos, peleas, o conflictos dentro de la escuela y, por eso, sus padres son siempre convocados por la escuela que requiere actitudes más contundentes. Es claro que no es fácil para los padres educar en un mundo en constante transformación, cada vez más competitivo e individualista. Sin embargo, es el deber de los padres educar a sus hijos y mostrarles, por medio de ejemplos, cómo lidiar con las adversidades de la vida y resolver sus problemas sin usar la violencia. Tal vez, los motivos para practicar el *cyberbullying* estén relacionados con la dinámica familiar: permisividad, intolerancia, ausencia de reglas y límites, abusos en la educación, ejemplos negativos. Los padres deben orientar a sus hijos a cambios de comportamientos y exigir que interrumpan la victimización. Deben acompañar la evolución de los cambios y tener a la escuela como aliada y co-responsable por el proceso. Cuando perciben que no logran lidiar con la situación o que las orientaciones no tienen efectos positivos, deben buscar ayuda de un profesional.

109. ¿Cómo deben actuar los padres cuando sospechen de la participación de sus hijos en *cyberbullying*?

Lo ideal es que los padres mantengan la calma e insistan en el tema, dejando claro sus preocupaciones y deseo de ayudar. Deben ponerse en posición de igualdad y con disponibilidad de diálogo. En caso de que no aparezcan efectos positivos, deben recurrir a la escuela en búsqueda de información y orientación. Tal vez, la escuela tenga conocimiento o pueda descubrir lo que está pasando. Dependiendo del comportamiento del niño deben buscar la ayuda de un profesional, que con sus estrategias será capaz de conquistar su confianza y encontrar alternativas capaces de detener la práctica o victimización.

110. ¿Cuáles son las medidas que los padres deben adoptar al constatar la victimización virtual? ¿Se debe considerar cambiar de escuela o de vecinos?

Todas las decisiones deben ser tomadas de acuerdo con la gravedad del problema. Lo que no se debe hacer es alarmar o sobredimensionar el hecho. Si la exposición al *cyberbullying* causa serios daños, como humillación, amenaza a la integridad física, moral o psicológica o contra sus familiares, cambiar de escuela puede ser una opción, desde que la víctima tenga soporte familiar y profesional. En cuanto al cambio de vecindario o incluso de ciudad, esto puede pasar cuando la situación se vuelve insostenible para todos y los daños sean irreparables desde el punto de vista emocional y moral. En cuanto a las medidas morales se deben reunir todas las pruebas posibles, guardar el contenido ofensivo e imprimirlo para que sea una prueba material. Con las pruebas en la mano, se debe dirigir a la instancia especializada en crímenes cibernéticos o a una estación de policía y formalizar una denuncia del crimen. Deberá, también notificar al prestador del servicio de internet para remover el contenido ilegal u ofensivo. En caso de que el niño presente alguna señal de perjuicios emocionales debe ser remitido a un profesional de la psicología.

111. ¿Cómo deben los padres orientar a sus hijos para convivir digitalmente?

Los padres deben orientar a sus hijos a convivir de manera respetuosa y amistosa. Así como en el mundo real podrán involucrarse en situaciones para las que necesitan estar preparados y actuar correctamente. El niño debe saber que todo mensaje enviado es de su entera responsabilidad y, dependiendo de su contenido, podrá resultar en serios daños para sí mismo, para los padres y para otro(s). Por lo tanto, debe saber que al emitir un mensaje o comentario público sobre cualquier tema, otras personas podrán estar de acuerdo o en desacuerdo, elogiar o criticar, respetar o no. Porque finalmente internet es un espacio público de convivencia donde se "ve" en tiempo real e integral y una vez se ha enviado el contenido no hay posibilidad de borrarlo a no ser que sea retractándose públicamente. Así, si al publicar un mensaje, recibir una burla, el niño no se incomoda es mejor ignorarlo o tomarlo como juego. Se puede responder sin ofensas con el mismo grado de burla. Si es algo que incomoda, pero no es ofensivo, bloquee o borre la persona de sus contactos. Responder con insultos, amenazas o groserías, no ayudará en nada, al contrario, el emisor se sentirá con la tentación de seguir las acciones o puede sentirse ofendido, lo que puede empeorar la situación. Si el contenido es grave, como difamaciones, calumnias, amenazas, el ideal es guardar el correo y mostrarlo a los padres o responsables, para que tomen las medidas necesarias. En este caso, los padres deben buscar un lugar especializado en crímenes virtuales o una estación común y hacer un denuncio presentando las pruebas materiales.

112.   ¿Cómo pueden los padres colaborar con la escuela en la prevención del *cyberbullying*?

Los padres pueden colaborar a través de una alianza con la escuela, actuando como voluntarios individuales o integrándose a asociaciones de padres. Deben proponer actuar en fechas y horarios específicos, de acuerdo son su disponibilidad de tiempo, para orientar a otros padres sobre los beneficios y los peligros del mundo *online*. Eso puede ocurrir a través de charlas informales, conferencias o elaboración de material informativo sobre el tema.

Capítulo X
Casos de *bullying* y *cyberbullying*, sus consecuencias

Diariamente, innumerables casos de *bullying* y *cyberbullying* son transmitidos en los medios de comunicación social. Son historias tristes que involucran a niños y adolescentes en todo el mundo. Para esos niños, la escuela no es un lugar seguro donde estar, por eso, muchos sufren, no aprenden o desisten de estudiar. Otros soportan callados el dolor de la humillación, el miedo a denunciar a sus compañeros si deciden parar sus malos tratos. Infelizmente, muchos soportan la presión que sufren y acaban intentando o cometiendo suicidios o asesinatos, en una intento por recuperar su identidad y alegría perdidas.

Presentaremos a continuación algunos casos de *bullying* divulgados en los medios brasileros e internacionales y que de esta manera el lector pueda comprender mejor las consecuencias del *bullying* para todos los involucrados; la posición de las escuelas y las familias frente a los casos; la actuación de la policía y de las instituciones que protegen los derechos de los niños y adolescentes.

Caso 1 - Niña de apenas 10 años se mata después de sufrir *bullying*

Las ropas y zapatos de Jasmine McChain, de 10 años, hicieron que la niña se volviera blanco de burlas entre los compañeros de Elementar Chadbourn, en los Estados Unidos. La madre, Samantha West ni se imaginaba que su hija sufría de *bullying*. Se sorprendió cuando percibió que Jasmine estaba con miedo de volver a la escuela después de un corto periodo de estar alejada de esta. En la noche del lunes (14), Samantha encontró a su hija ahorcada en su cuarto, en la casa de la familia en el estado de Carolina del Norte, en los Estados Unidos. "Ella dio su último suspiro en mis brazos y no había tiempo para hacer algo más", dijo la madre al periódico británico *Daily Mail*. Samantha le comentó a la televisión local que es una vergüenza que los niños sean tan crueles los unos con los otros. Según los compañeros de escuela, Jasmine estaba sufriendo de *bullying* durantes las clases y por medio de *Facebook*. El jefe de la policía del estado Steven Shaw, aún no sabe si es posible responsabilizar a alguien por la muerte de Jasmine, sin embargo continúa investigando el caso, incluso las groserías publicadas por internet. La escuela de Jasmine también está participando en la investigación para colaborar con la policía.

Fuente: http://revistacrescer.globo.com/Revista/
Crescer/0,,EMI279720-17729,00.html

Caso 2 - Víctima de *bullying* intenta suicidio

Una adolescente de 13 años, víctima de *bullying* en la escuela, intentó matarse, el miércoles 14, consumiendo 70 pastillas e intentando sofocarse con un cinturón, sólo la intervención de la madre evitó la tragedia. La menor fue transportada hacia el hospital Padre Américo, en Penafiel, donde estuvo internada durante un día. La madre de la estudiante de la escuela básica 2,3 de Sobreira, en Paredes, teme por el futuro de su hija, en caso de que los insultos y las agresiones se mantengan. "Ando con el corazón en la mano", relataba al *Correio da Manhã*. Según cuenta, desde el año pasado su hija se quejaba de las compañeras. Hace tres semanas, sin embargo, todo empeoró, cuando la joven fue agredida fuera de la escuela, por cuatro niñas del 7° año de clases diferentes: "Pidieron cigarrillos, o dinero a mi hija, pero como ella no les dio nada, la golpearon". La madre presentó la queja en la escuela ese mismo día, pero las amenazas continuaron. En la mañana del miércoles, la adolescente volvió a ser golpeada. "Llegó a la casa a las 13:30 horas y contó. Fui a la escuela y cuando regresé, la encontré llorando. Cinco minutos después, me contó afligida que había intentado suicidarse", recuerda. En la caneca de basura la madre encontró dos cajas vacías de medicamento para tratar varices y aliviar dolores musculares. La dirección de la Escuela Básica 2,3 de Sobreira, se rehúso a dar declaraciones al *Correio da Manhã*, informando "que ya estaba tratando el caso".

Fuente: http://www.cmjornal.xl.pt/detalhe/noticias/nacional/ensino/vitima-de-bullying-tenta-suicidio

Caso 3 - Padres culpan a la escuela por suicidio de un niño que sufría de *bullying* homofóbico

Los padres de un niño que se suicidó luego de sufrir *bullying* homofóbico en la escuela, afirmaron que ya habían solicitado la transferencia del niño. Según la página web *Folha Vitória*, la madre, Joselia Ferreira de Jesus, había solicitado el cambio de sus tres hijos, pero el colegio ofreció tres escuelas diferentes para los niños, y por lo tanto ella no aceptó. Rolliver de Jesus se ahorcó con un cinturón de la madre el viernes 17 en Vitória (ES), luego de haber sido blanco de burlas, siendo empujado y humillado en la escuela. "Ellos lo llamaron *gay*, marica, gordito… A veces se iba del colegio llorando", contó un compañero. El niño dejó una carta de despedida diciendo que no entendía por qué sufría tantas humillaciones. Según el reportaje, otros estudiantes sufren de *bullying* en el colegio, pero ninguna medida está siendo tomada.

Fuente: http://www.bullying.pro.br/index.php?option=com_ content&view=article&id=274:pais-culpam-escola-por-suicidio-de-garoto-que-sofria-homofobia&catid=1:latest-news

Caso 4 - Niña acuchilla a compañero de clase

Una adolescente de 13 años acuchilló a un niño de la misma edad en el inicio de la tarde del martes 28, dentro del Centro de Enseñanza Fundamental 3 de Planaltina en el Distrito Federal. La víctima tuvo lesiones leves en el pecho y en los brazos, pero no corre riesgo de muerte. De acuerdo con la directora de la estación del Niño y el Adolescente, Mónica Ferreira, la agresión había sido motivada por un apodo dado a la niña con referencia al tamaño de sus orejas. "Ella afirmó que le pusieron un apodo que no le gustó -'teletubbie'-, debido a sus características físicas. Ella declaró que su intención era matar a la víctima por causa del *bullying*", dijo la delegada. De acuerdo con la policía, la adolescente utilizó un cuchillo que encontró en su casa para la agresión. La niña, que está en el quinto año, también afirmó que era blanco constante de burlas y chistes por parte de sus compañeros de clase. Según la policía, en Agosto del año pasado ella formalizó una reclamación en contra de la víctima en la rectoría de la escuela. El coordinador regional de enseñanza de Planaltina, Misael Barreto, dijo que el CEF 3 no tiene un histórico de violencia y que va a estudiar las denuncias de *bullying*. "Discusiones entre estudiantes son normales, esto pasa. No tenemos registro de nada que llamara la atención de la dirección de la escuela", afirmó. La delegada informó que la niña va a ser registrada por haber cometido un acto criminal análogo al crimen de intento de homicidio y debe ser remitida al Centro de Atención Juvenil Especializado (CAJE) este martes. "Posiblemente debe ser atendida por la los órganos legales que estipularán la medida que le corresponde. Por causa de la gravedad del crimen, puede ser internada hasta por tres meses".

Fuente: http://www.bullying.pro.br/index.php?option=com_content &view=article&id=278:chamada-de-teletubbie-menina-de-13-anos-esfaqueia-colega-no-df&catid=1:latest-news

Caso 5 - Princesa de Japón deja de ir a clases por sufrir *bullying*

La princesa Aiko, de ocho años, hija única del heredero al Trono de Japón, Naruhito, dejó de asistir a la escuela luego de haber sido víctima de *bullying* (asedio escolar) por un grupo de compañeros, informó este viernes 5 la casa imperial. La princesa, que estudia en la renombrada escuela Gakushuin en Tokio, se quejó de dolor de estómago y ansiedad y desde el martes pasado no fue a la escuela, según un portavoz citado por la agencia *Kyodo*. Aparentemente un grupo de niños de la escuela intimidó a varios compañeros, entre ellos, la princesa Aiko lo que llevó al palacio imperial a intervenir y pedir a los responsables del colegio una solución al problema, informó el portavoz. Esa es la primera ocasión en la cual la Casa Imperial Japonesa interviene para resolver problemas en el colegio de la pequeña Aiko.

Fuente: http://www.estadao.com.br/noticias/vidae,princesa-do-japao-deixa-de-ir-as-aulas-por-sofrer-bullying,519947,0.htm

Caso 6 - Niña de 13 años sufre de *bullying* en el *Facebook* al denunciar violación

Una niña de 13 años, víctima de violación sexual se transformó en blanco de agresiones y *bullying* a través de la red social *Facebook* en la ciudad de Clitheroe, Inglaterra, informó el *Daily Mail*. La niña fue violada por un adolescente de 15 años en un rincón cerca al Clitheroe Football Club. Los padres de la víctima la encontraron desnuda de la cintura para abajo y sucia de lama, poco después de lo ocurrido. Llegaron al local luego de recibir una llamada de la hija, durante el acto y pudieron escucharla gritando, pidiendo al niño que parara. Luego de haber llevado al caso al tribunal, una página fue creada en *Facebook* con la intención de divulgar la inocencia del niño. Empezaba entonces un nuevo episodio doloroso para la víctima, pues las agresiones verbales le hicieron recordar todo el caso otra vez. Muchas de las agresiones explícitas en la página eran de antiguos amigos de la niña. La familia no quedó exenta de ofensas y agresiones por parte de los vecinos. "Nuestra casa fue atacada con piedras, huevos y fui varias veces abordada por jóvenes que intentaron intimidarme para convencer a mi hija de abandonar el caso", dijo la madre de la niña, una profesora de la ciudad al periódico, *Daily Mail*. En la noche del martes 7, el agresor cumplió 16 años y fue preso. Luego del episodio los bomberos locales promovieron una operación de "huida de emergencia" para la familia de la niña, hasta que los ánimos de la ciudad se calmaran y volvieran a la normalidad.

Fuente: http://www.bullying.pro.br/index.php?option=com_content&view=article&id=257:garota-de-13-anos-sofre-bullying-no-facebook-ao-denunciar-estupro&catid=1:latest-news

Caso 7 - Niño acuchilla a compañero como respuesta al *bullying* en el sur de Brasil

Diciendo que era víctima de *bullying*, un adolescente buscó venganza y acuchilló a otro por la espalda, en frente de una escuela en el estado de Rio Grande Do Sul, Brasil. El caso ocurrió hoy por la mañana (24) cuando el niño de 13 años, armado con una navaja, hirió a su compañero de clase de 14, por detrás, en la entrada de la escuela Municipal Aeno Otto Kiehl, en la ciudad de Passo Fundo. El niño fue detenido por estudiantes y profesores hasta que llegó de la policía militar. De acuerdo a los testigos, el niño estaba dispuesto a ir hasta las últimas consecuencias. "Quería darle en el cuello", afirmó. Le informó a los policías que era víctima constante de burlas y agresiones por parte del niño agredido y de sus amigos. Uno de los motivos sería por tener el pelo largo y ser nuevo en la institución. El niño acuchillado fue herido en el brazo, oreja derecha y en la espalda. Fue llevado al hospital Sao Vicente de Paulo, donde se encuentra en observación sin riesgo de muerte. El joven agresor fue conducido a la Policía de la ciudad, donde está concluyendo la denuncia, que será remitida al Ministerio Público.

Fuente: http://www.bullying.pro.br/index.php?option=com_content&view=article&id=195:menino-esfaqueia-colega-em-resposta-a-bullying-no-rs&catid=1:latest-news

Caso 8 - Después de sufrir *bullying*, joven se hace operación para aumentar las piernas

Durante toda la infancia, la inglesa Sanika Hussain, hoy con 21 años, fue blanco de chistes y ganó apodos como *mini me* y *freak*, todo eso debido a su tamaño. La joven mide 1,34 m de altura, lo que la convirtió en el principal blanco de *bullying* en la escuela. Debido a los dolores que los chistes causaban, resolvió hacerse una operación para aumentar las piernas. La joven que sufre de hipocondroplasia, un tipo de enanismo pasó por una cirugía en noviembre de este año para agregar casi 9 centímetros a su altura, pasando a 1,43 m. El procedimiento consiste en romper las piernas de la persona para luego agregar tornillos en los huesos. Con eso, los huesos crecerán rellenando el espacio y provocando un aumento en la estatura. El procedimiento es extremadamente doloroso, el periodo de recuperación es de casi de 2 años, tiempo durante el cual no podrá caminar. De acuerdo con Sanika, es mejor la tortura diaria que los apodos y burlas. "Desde que me acuerdo, me vienen llamando con terribles apodos como enana, *freak* y corta", dijo al periódico inglés *The Sun*. Ahora, ella sufre con los dolores post-operación. "Anestésicos para aliviar el dolor interfieren en el desarrollo de los huesos por eso no puedo tomar muchos", afirmó.

Fuente: http://www.bullying.pro.br/index.php?option=com_ content&view=article&id=212:apos-sofrer-bullying-jovem-faz-opera-cao-para-aumentar-pernas&catid=1:latest-news

Caso 9 - Madre denuncia a niño por *bullying* en la escuela

Un boletín de denuncia fue registrado en la noche del viernes (17) en la estación de policía por la madre de una estudiante de 10 años, supuesto blanco de agresiones y burlas en una escuela Estatal de Bauru. Según los registros policiales, la estudiante de la escuela Padre Antonio Jorge De Lima, habría recibido en la tarde del viernes, un golpe de una piedra en el rostro, disparado por un compañero de clase. De acuerdo a los relatos dados a la policía por la madre, Giselda Regina Marques, 38 años, la niña habría sido víctima de constantes groserías, agresiones y persecuciones por parte de un estudiante que también estudia en la Escuela. La agresión, de acuerdo con Giselda no tendría ninguna causa aparente. En la denuncia consta que la víctima no es un caso aislado y que la situación era conocida por los profesores. La madre también dice haber informado lo ocurrido a la dirección de la escuela. El caso quedó registrado en la estación de policía.

Fuente: http://www.bullying.pro.br/index.php?option=com_content&view=article&id=268:mae-denuncia-crianca-por-bullying-em-escola&catid=1:latest-news

Caso 10 - Padre se suicida después de la muerte de su hijo que sufría de *bullying*

Un padre que se volvió activista en contra de la práctica de *bullying*, luego del suicidio de su hijo adolescente dejó una nota de despedida en *Facebbok* y también se mató. De acuerdo con información obtenida durante una investigación en Gran Bretaña. Roger Crouch de 55 años, fue encontrado por su esposa, Paola Crouch, luego de haberse ahorcado en el garaje de su casa el día 28 de noviembre del año pasado. La investigación sobre la muerte concluyó esta semana, que Roger nunca había superado el dolor del suicidio de Dominic, su hijo de 15 años, un año y medio antes. La muerte del niño, que habría sufrido por rumores de que era *gay*, hizo que Roger se volviera una figura importante en las campañas en contra del *bullying* en el país, recibiendo incluso el premio de Héroe del año por la ONG Stonewall, que defiende los derechos de los *Gays*, Lesbianas y Bisexuales, en 2011. Según Paola Crouch, su marido siguió sufriendo variaciones de humor y fuertes depresiones debido al suicidio de su hijo. "Había mucha muerte en su vida", dijo ella. Al escuchar el relato de psiquiatras que decían que su marido estaba "tomado por el dolor", Paola dijo: "creo que es lo que se podría llamar, de una manera anticuada, un corazón partido". Antes de ahorcarse, Roger dejó un mensaje en *Facebook* que decía: "*Au revoir* (hasta la vista en francés), *Adeus- o tal vez À bientôt* (Hasta luego, en francés)." Durante la audiencia sobre la muerte, el responsable por la investigación, David Dooley, mencionó la campaña de Roger Crouch en contra del *bullying*. "Claramente él se dedicó a la campaña por su hijo y por otros que habrían sufrido de *bullying*. Pero al final, terminó tomado por el dolor debido a la muerte de su hijo. De acuerdo con las evidencias, estoy seguro de que el decidió poner fin a su propia vida."

"Verdad o consecuencia"

En Mayo de 2010 Dominic Crouch, saltó de un edificio de seis pisos, cerca a la escuela donde estudiaba. Una investigación, seis meses después, reveló que durante un juego del tipo "verdad o consecuencia", en un viaje escolar, Dominic habría besado a otro niño. Se cree que luego de ese acontecimiento, un video del juego circuló por la escuela. Dominic no había mencionado a la familia que estaba siendo atormentado por sus compañeros, pero en una de las notas que dejó el joven escribió: "Querida familia, siento mucho por lo que estoy a punto de hacer. Vengo sufriendo mucho de *bullying* últimamente y muchas cosas que dijeron sobre mí no son verdad".

Caso 11 - Escuela es procesada por sancionar a estudiante que hizo comentarios en *Facebook*

La Unión Civil Americana de Libertad (ACLU, sus siglas en inglés), está procesando a una escuela estatal de Minnesota, en los Estados Unido, por haber sancionado a una estudiante de 12 años que se quejó de un funcionario en *Facebook*. Según la organización, la niña dijo en la red social que "odiaba" a un monitor escolar que habría sido "malo" con ella, según Mashable. La escuela habría considerado la publicación como *bullying* y el director habría dado una sanción (tiempo extra fuera del horario de clases) a la niña, a parte de obligarla a pedir disculpas, de acuerdo con el proceso de la ACLU. Luego de lo ocurrido, la niña habría hecho otro comentario en la red social -que, oficialmente, solo permite que personas mayores de 13 años se registren- afirmando estar incomoda porque alguien mostró su publicación inicial a una persona de la escuela. La nueva publicación, contenía lenguaje clasificado de "vulgar", y por causa de eso, la niña fue sancionada de nuevo. "Fue suspendida de clases y se le prohibió participar en un viaje de estudios", afirma la ACLU. Y la historia habría empeorado, cuando según el proceso, la niña fue obligada a entregar sus contraseñas de correo y de *Facebook* para que la escuela investigara una denuncia acerca de que ella habría conversado con otra estudiante sobre sexo. De acuerdo con la ACLU, un oficial de la policía estaba presente cuando los funcionarios de la escuela buscaron los registros de conversación de la estudiante, y el proceso también afirma que los padres de la niña no fueron informados sobre la requisa antes de ser realizada. Ninguna de las publicaciones de la niña habría sido publicada durante el horario de clase y no habían sido generadas en algún computador de la escuela. La ACLU, alega en la acción que las sanciones aplicadas por la escuela violan la primera enmienda que garantiza la libertad de expresión, y la cuarta enmienda que impide la requisa o aprehensión si no hay ningún motivo razonable. "Los estudiantes no dejan de tener los derechos de la primera enmienda cuando entran a la escuela", dijo Charles Samuelson, director ejecutivo de la ACLU en Minnesota. "La Corte Suprema garantizó eso en los años 70 pero algunas escuelas como en esta área, al parecer no les importa esta premisa", afirmó.

Fuente: http://www.bullying.pro.br/index.php?option=com_content&view=article&id=290:escola-e-processada-ao-punir-aluna-por-comentarios-no-facebook&catid=1:latest-news

Anexos
Material de apoyo para las escuelas y familias

En seguida presentaremos algunos materiales de apoyo con los cuales las escuelas, familias y estudiantes podrán apoyarse para tratar la temática de *bullying* y *cyberbullying*. Nuestro objetivo es sólo sugerir diversas opciones de abordaje, teniendo en cuenta que no hacemos análisis detallados de cada una de ellas.

Sugerencias de libros en lengua española

Boisteau & Duval. (2006). *Acoso Escolar ¡No!* Editorial San Pablo.

Castañeda, A.; Niño, J. (2010). *Redes conversacionales entre familias y escuelas.* Bogotá: Magisterio.

Jiménez, C.; Robledo, J. (2010). *La neuropedagogía y los comportamientos violentos. Nuevos hallazgos desde las neurociencias.* Bogotá: Magisterio.

Ortega, R. (2010). *Agresividad Injustificada. Bullying y Violencia Escolar.* Alianza.

Ovejero, A; Rodríguez, F.J. (2008). *La convivencia sin violencia.* Bogotá: Magisterio.

Peace Games. (2006). *Soy especial. Formación ciudadana para preescolar*. Bogotá: Magisterio.

Peace Games. (2006). *Tengo sentimientos. Formación ciudadana para primer grado*. Forma. Bogotá: Magisterio.

Peace Games. (2006). *Somos amigos. Formación ciudadana para segundo grado*. Bogotá: Magisterio.

Peace Games. (2006). *Comunicación y cooperación. Formación ciudadana para tercer grado*. Bogotá: Magisterio.

Peace Games. (2006). *A favor de la justicia. Formación ciudadana para cuarto grado*. Bogotá: Magisterio.

Peace Games. (2006). *Explorando el conflicto. Formación ciudadana para quinto grado*. Bogotá: Magisterio.

Puerto, C.; Olaya, E. (2007). *El maltrato infantil*. Bogotá: Magisterio.

Salm, R. (1998). *La solución de los conflictos en la escuela*. Bogotá: Magisterio.

Serrate, Rosa. (2007). *Bullying. Acoso Escolar*. Editorial Laberinto.

Voors, W. (2006). *Bullying. El Acoso Escolar*. Buenos Aires: Oniro.

Sugerencias de libros en lengua portuguesa

Beane, Alan. (2010). *Proteja seu filho do bullying*. Rio de Janeiro: Editorial BestSeller.

Beaudoin, Marie-Nathalie y Taylor, Maurreen. (2006). *Bullying e desrespeito: como acabar com essa cultura na escola*. Porto Alegre: Artmed.

Chalita, Gabriel. (2008). *Pedagogia da Amizade. Bullying: o sofrimento das vítimas e dos agressores*. São Paulo: Editorial Gente. .

Carpenter, D/ y Ferguson, J. (2011). *Cuidado! Proteja seus filhos dos bullies*. São Paulo: Butterfly Editorial.

Costantini, Alessandro. (2004). *Bullying: como combatê-lo*. São Paulo: Itália Nova.

Fante, Cléo. (2005). *Fenômeno bullying: como prevenir a violência nas escolas e educar para a paz*. Campinas: Verus Editorial.

Fante, Cléo y Pedra, José Augusto. (2008). *Bullying Escolar: perguntas e respostas*. Porto Alegre: Artmed.

Ventura, Alexandre y Fante, Cléo. (2011). *Bullying: intimidação no ambiente escolar e virtual*. Belo Horizonte: Conexa Editorial.

Lopes Neto, Aramis A, y Saavadra, Lucia H. (2003). *Diga Não para o Bullying- Programa de Redução do Comportamento Agressivo entre Estudantes*. Rio de Janeiro.

Maldonado, Maria Tereza. (2009). *A face oculta- uma história de bullying e cyberbullying*. São Paulo: Editorial Saraiva.

Middelton-Moz, Jane y Zawadski, Mary Lee. (2007). *Bullying: estratégias de sobrevivência para crianças e adultos.* Porto Alegre: Artmed.

Shariff, Shaheen. (2011). *Ciberbullying: questões e soluções para a escola, a sala de aula e a família.* Porto Alegre: Artmed.

Rolim, Marcos. (2010). *O pesadelo da escola.* Porto Alegre: Dom Quixote Editorial.

Silva Barbosa, Ana Beatriz. (2010). *Bullying: mentes perigosas nas escolas.* Rio de Janeiro: Editorial Objetiva.

Sugerencias de sitios web sobre *bullying* y *Cyber-bullying*

BeatBullying - Es una organización sin fines de lucro para combatir el acoso escolar, que se encuentra en el Reino Unido. http://www.beatbullying.org/

Bullying UK - Sitio británico de prevención del *bullying*. http://www.bullying.co.uk

Bullying.org - Este sitio canadiense es un esfuerzo colaborativo dedicado a ayudar a los niños a lidiar con la intimidación. Incluye espacio para debates, fotos, relatos y poemas escritos por niños sobre el fenómeno. http://www.bullying.org/splash_page/bullying.cfm?sRes=600

ACT (Adults & Children Together Against Violence) - Sitio desarrollado por la American Psychological Association and the National Association for the Educations of Young Children. Proporciona material para adultos que quieren enseñar a los niños de 0 a 8 años formas no violentas para resolver los problemas. http://www.actagainstviolence.apa.org

Bullying Brasil - Creado por Cléo Fante, donde se encuentra material, referencias bibliográficas, información, canal de orientaciones sobre *bullying* y *cyberbullying*. http://www.bullying.pro.br

Kidscape - Ayuda a los niños y jóvenes a prevenir el acoso y el abuso. http://www.kidscape.org.uk

National Centre Against Bullying - Centro Australiano que tiene como objetivo asumir el liderazgo de iniciativas públicas y privadas, en relación con el *bullying* y otros comportamientos negativos. Pretende, sobre todo, contribuir a cambiar las actitudes en relación con el *bullying*, aumentar la conciencia de los efectos adversos que causa a los individuos y a la sociedad. Su objetivo final es aumentar los niveles

de seguridad y el bienestar en las escuelas y comunidades.
http://www.ncab.org.au

BullyPolice USA - Este sitio fue creado por la madre de una víctima de acoso escolar que se suicidó al no soportar la presión que sufría.
http://www.bullypolice.org

Cyberbullying - Sitio diseñado y desarrollado por Bill Belsey con propuestas de cursos en línea, recursos, hechos y noticias acerca del *bullying* y otros elementos interesantes.
http://www.cyberbullying.org / http://www.cyberbullying.ca

Cyberbullying.us. - Sitio estadounidense que proporciona un repositorio de información sobre el acoso cibernético.
http://www.cyberbullying.us/

The ChildLine Online - Organización no gubernamental irlandesa que ofrece apoyo a los adolescentes con una serie de cuestiones que afectan a los niños y adolescentes.
http://www.childline.ie

Safernet Brasil - Sitio donde usted puede aprender acerca de los delitos cibernéticos y proteger a los niños contra la pedofilia, la pornografía, el acoso, la intimidación cibernética.
http://safernet.org.br

SAFT - Es un proyecto de la Comisión Europea para un uso más seguro de internet. Consiste en un conjunto de hechos y herramientas de sensibilización para el uso seguro de internet.
http://www.saftonline.org

Kdsareworthit - Es el sitio de la investigadora Barbara Coloroso, un espacio muy importante para ayudar a los padres y profesores a manejar la conducta de los niños y los jóvenes.
http://www.kidsareworthit.com

Webwise - Este sitio es una iniciativa The National Center for Technology in Education (NCTE) de Irlanda, para guiar el uso seguro de internet en los estudiantes, padres y profesores. Proporciona vínculos hacia otros sitios, recursos para las escuelas, publicaciones, definiciones y orientaciones de carácter práctico para los niños, adolescentes, padres y escuelas. http://www.webwise.ie

I-Safe - Es una fundación sin fines de lucro dedicada a proteger a los niños que navegan por internet. http://www.i-safe.org

Sugerencia de películas

Bang Bang. Hombre muerto
Título original: *Bang Bang You're Dead*
Lanzamiento: 2003 (EUA)
Dirección: Guy Ferland
Actores: Ben Foster, Tom Cavanagh, Randy Harrison, Janel Moloney
Duración: 95 min
Género: Suspenso
Sinopsis: "Los jóvenes pueden ser más crueles que todos. Naturalmente crueles." Las palabras de Trevor Adams, que fue estudiante ejemplar, reflejan sus experiencias en la escuela. Él era víctima de una traumatizante persecución que lo llevó a amenazar con destruir el equipo de fútbol de la escuela. Pero la salvación llegó a través del Sr. Duncan (Tom Cavanagh, protagonista de la serie de televisión "Ed"), el profesor de teatro, que le dio a Trevor el papel principal de su obra, junto a la bella Jenny Dahlquist. El profesor y la niña tratan de ayudarlo a mantenerse en la línea. Pero hay un riesgo: la oscura trama alrededor de asesinos en un salón de juegos, combinado con el pasado de Trevor, hace que los padres traten de vetar la pieza. Si ellos pueden, es posible que la voz de Trevor no se escuche y eso podría desencadenar una bomba de tiempo humana.

<table>
<tr><td colspan="1" align="center">Bully</td></tr>
</table>

Título original: *Bully*
Lanzamiento: 2001 (EUA)
Dirección: Larry Clarck
Actores: Brad Renfro, Bijou Phillips, Rachel Miner, Nick Stahl
Duración: 100 min
Género: Drama
Sinopsis: Bobby Kent (Nick Stahl) vive asustando a los niños de su escuela. Cansados de su actitud, se reúnen y deciden darle una lección, llevándolo a un pantano y golpeándolo hasta su muerte. Entre los varones también se encuentran algunos amigos de Bobby, que aprovechan la ocasión para tomar su lugar. El asesinato provoca diferentes reacciones en la comunidad en la que viven, que van desde la brutalidad de lo ocurrido, hasta incluso la sensación de que Bobby recibió lo que merecía.

Bullying
Título original: *Bullying*
Lanzamiento: 2010 (España)
Dirección: Josecho San Mateo
Actores: Alberto Carbó, Nadeska Abreo, Marcos Aguilera, Oswaldo Ayre
Duración: 89 min
Género: Suspenso
Sinopsis: Jordi es un adolescente que perdió recientemente a su padre y, junto a su madre, decide mudarse a otra ciudad para comenzar una nueva vida. Al principio todo parece ir bien, pero el destino le ha reservado una desagradable sorpresa ya que cuando Jordi pasa por la puerta de la nueva escuela, cruzará sin saber la tenebrosa frontera de un nuevo infierno.

Elefante
Título original: *Elephant*
Lanzamiento: 2004 (EUA)
Dirección: Gus Van Sant
Actores: Alex Frost, Eric Deulen, John Robinson, Elias McConnell
Duración: 81 min
Género: Drama
Sinopsis: Un día aparentemente normal en la vida de un grupo de adolescentes, todos estudiantes de una escuela secundaria en Portland, en el estado de Oregon, en los Estados Unidos. En cuanto la mayoría se dedica a actividades cotidianas, dos estudiantes esperan en su casa, la llegada de una ametralladora semiautomática, con gran precisión y potencia de fuego. Armados con un arsenal que venían coleccionando, los dos van a la escuela, donde serán protagonistas de una gran tragedia.

Chicas malvadas
Título original: *Mean Girls*
Lanzamiento: 2004 (EUA)
Dirección: Mark S. Waters
Actores: Lindsay Lohan, Rachel McAdams, Amanda Seyfried, Lacey Chabert.
Duración: 97 min
Género: Comedia
Sinopsis: Cady Heron (Lindsay Lohan) es una chica que creció en África y siempre estudió en casa, nunca había ido a la escuela. Después de regresar a los Estados Unidos con sus padres, se prepara para iniciar su vida como estudiante, al matricularse en una escuela pública. Cady pronto se da cuenta cómo las lenguas venenosas de sus nuevos compañeros pueden afectar su vida y para empeorar aún más su situación, Cady se enamora del hombre equivocado.

<table>
<tr><td colspan="1" align="center">***Jamás besada***</td></tr>
<tr><td>**Título original:** *Never Been Kissed*</td></tr>
<tr><td>**Lanzamiento:** 1999 (EUA)</td></tr>
<tr><td>**Dirección:** Raja Gosnell</td></tr>
<tr><td>**Actores:** Drew Barrymore, Michael Vartan, Molly Shannon, David Arquette.</td></tr>
<tr><td>**Duración:** 107 min</td></tr>
<tr><td>**Género:** Comedia</td></tr>
<tr><td>**Sinopsis:** Josie Geller (Drew Barrymore) tiene apenas 25 años, pero es una de las editoras del Chicago Sun Times. Ella es buena en su trabajo, pero Rigfort (Garry Marshall), el dueño del periódico, quiere que ella se disfrace de estudiante y haga un reportaje de investigación sobre lo que sucede en el medio estudiantil. Inicialmente está animada, pero cuando recuerda lo poco popular que era en la escuela secundaria, tanto que la llamaban de Josie asquerosa, queda preocupado por la forma de infiltrarse entre los estudiantes, ya que si su técnica no funciona, probablemente será despedida. Y todo se desenlaza en ese sentido, pues sólo Aldys (Leelee Sobieski), una estudiante, y Sam Coulson (Michael Vartan), un profesor, le prestan atención. Josie tiene que desarrollar un plan rápidamente, porque está siendo presionada en el periódico y su tiempo para entregar el material se está acabando.</td></tr>
</table>

Bowling for Columbine
Título original: *Bowling for Columbine*
Lanzamiento: 2002 (EUA)
Dirección: Michael Moore
Actores: Michael Moore, Denise Ames, Charlton Heston, Marilyn Manson.
Duración: 120 min
Género: Documental
Sinopsis: Documental que investiga la fascinación de los americanos por las armas de fuego. Michael Moore, director y narrador de la película, cuestiona el origen de esa cultura bélica y busca respuestas visitando pequeñas ciudades de los Estados Unidos, donde la mayoría de residentes guarda un arma en su casa. Entre esas ciudades está Littleton, Colorado, donde se encuentra la escuela Columbine. Allí los adolescentes Dylan Klebold y Eric Harris toman las armas de sus padres y matan a 14 estudiantes y un profesor en la cafetería. Michael Moore también hace una visita al actor Charlton Heston, presidente de la Asociación Americana del Rifle.

Sugerencia de un cuestionario que puede ser aplicado a estudiantes de 6° a 11° grado

Cuestionario adaptado por Cléo Fante, del original Dan Olweus.

Identificación

1. **¿Eres niño o niña?**

a) Niño
b) Niña

2. **¿Tienes buenos amigos en la escuela? (marca sólo una respuesta)**

( ) 1

( ) 2 ó 3

( ) 3 ó 4

( ) Más de 5

Sobre ser maltratado por otro en la escuela

3. **¿Con qué frecuencia has sido maltratado en la escuela desde el año pasado? (marca sólo una respuesta)**

a) No fui maltratado en la escuela desde el año pasado
b) Sólo 1 ó 2 veces
c) Una vez por semana
d) Varias veces por semana

4. ¿De qué manera has sido maltratado en la escuela desde el año pasado? (marca una o más respuestas)

a) No fui maltratado en la escuela desde el año pasado
b) Puños, puntapiés y fui empujado
c) Fui amenazado
d) Me quitaron dinero y otras cosas, o dañaron mis pertenencias
e) Me dijeron groserías y me insultaron por causa de mi color o raza
f) Me dijeron groserías, me insultaron o se rieron de mí
g) Escondieron mis cosas a propósito, no me dejaron hacer parte de su grupo de amigos o me ignoraron completamente
h) Dijeron mentiras o divulgaron chismes sobre mí, y/o trataron de hacer que les cayera mal a otros
i) Otras formas, explica cómo: _______________________________
____

5. ¿Por cuánto tiempo duraron los maltratos en la escuela? (marca sólo una respuesta)

a) No fui maltratado en la escuela desde el año pasado
b) Durante una semana
c) Durante varias semanas
d) Durante todo el año
e) Desde hace varios años

6. ¿Dónde fuiste maltratado en la escuela durante el año pasado? (marca una o más respuestas)

a) No fui maltratado en la escuela desde el año pasado
b) En mi salón

c) En los corredores o puertas de la escuela
d) En el recreo
e) En el baño
f) En otro sitio. Por favor di cuál: _______________________
____

7. ¿Sueles ser maltratado por uno o varios compañeros? (marca sólo una respuesta)

a) No fui maltratado en la escuela desde el año pasado
b) Principalmente por un compañero
c) Por 2-3 compañeros
d) Por 4- 9 compañeros
e) No sé decir cuántos

8. ¿Sueles ser maltratado por niños o niñas? (marca sólo una respuesta)

a) No fui maltratado en la escuela desde el año pasado
b) Sólo por niños
c) Principalmente por niños
d) Tanto por niños como por niñas
e) Sólo por niñas
f) Principalmente por niñas

9. ¿Cómo te sentiste cuando otros compañeros te maltrataron en la escuela desde el año pasado? (Marca una o más respuestas)

a) No fui maltratado en la escuela desde el año pasado
b) Me sentí mal
c) Me sentí triste
d) Me sentí indefenso, nadie podía ayudarme

e) No sentí nada

f) Quedé preocupado por lo que los otros niños podían pensar de mí

10. ¿Qué hiciste cuando fuiste maltratado en la escuela el año pasado? (marca una o más respuestas)

a) No fui maltratado en la escuela desde el año pasado

b) Lloré

c) Huí

d) No les presté atención, los ignoré

e) Les pedí que pararan

f) Pedí ayuda a un adulto (profesor, inspector, etc.)

g) Me defendí

h) Otros, por favor di cómo:_______________________________
   ____

11. ¿Le contaste a alguien que fuiste maltratado en la escuela desde el año pasado? (marca una o más respuestas)

a) No fui maltratado en la escuela desde el año pasado

b) No hablé con nadie, sin embargo fui maltratado

c) Hablé con el director, coordinador o funcionario

d) Hablé con mis padres/responsables

e) Hablé con mis hermanos o hermanas

f) Otros. Por favor di con quién: _______________________

12. **¿Alguno de tus profesores intentó impedir que te maltrataran en la escuela desde el año pasado? (marca sólo una respuesta)**

a) No fui maltratado en la escuela desde el año pasado
b) No, porque ellos no sabían que estaba siendo maltratado
c) No, ellos no intentaron nada
d) Sí, ellos intentaron, pero lo malos tratos empeoraron
e) Sí, ellos intentaron, pero nada cambió
f) Sí, ellos intentaron y los malos tratos disminuyeron
g) Sí, ellos intentaron y los malos tratos acabaron

13. **¿Alguien de tu familia habló con los profesores para que pararan de maltratarte en la escuela desde el año pasado? (marca sólo una respuesta)**

a) No fui maltratado en la escuela desde el año pasado
b) No, porque ellos no sabían que estaba siendo maltratado
c) No, ellos no hablaron en la escuela
d) Sí, ellos hablaron, pero los malos tratos empeoraron
e) Sí, ellos hablaron, pero nada cambió
f) Sí, ellos hablaron y los malos tratos disminuyeron
g) Sí, ellos hablaron y los malos tratos terminaron

14. **¿Alguno de tus compañeros intentó impedir que te maltrataran en la escuela desde el año pasado? (marca sólo una respuesta)**

a) No fui maltratado en la escuela desde el año pasado
b) No, porque ellos no sabían que estaba siendo maltratado
c) No, ellos no intentaron impedir los malos tratos
d) Sí, ellos intentaron, pero los malos tratos empeoraron
e) Sí, ellos intentaron, pero nada cambió
f) Sí, ellos intentaron y los malos tratos disminuyeron
g) Sí, ellos intentaron y los malos tratos terminaron

Sobre los malos tratos que viste en la escuela

15. ¿Cómo te sientes cuando ves algunos de tus compañeros maltratar a otros compañeros? (marca una o más respuestas)

a) Nunca vi a alguien maltratar a otro
b) Me siento mal
c) Tengo miedo de que eso pueda ocurrir conmigo
d) Me siento triste
e) Siento pesar por la víctima
f) Siento pena del agresor
g) Finjo que no está pasando nada
h) No siento nada
i) Me siento bien

16. ¿Cuando viste a otro maltratar a un compañero en la escuela desde el año pasado, qué hiciste? (marca una o más respuestas)

a) Nunca vi a alguien ser maltratado en la escuela desde el año pasado
b) Muchas veces fui yo quien comenzó a maltratar a otros compañeros
c) Fui maltratado también
d) Muchas veces ayudé a maltratar a otros compañeros
e) Fui obligado a ayudar a maltratar a otros compañeros
f) No ayudé, pero me gustó ver
g) Intenté no tomar partido
h) Dije a los agresores que pararan
i) Pedí ayuda a un profesor o funcionario de la escuela
j) Ayudé a mi compañero que estaba siendo maltratado

17. ¿Por qué crees que algunos compañeros maltratan a otros? (marca sólo una respuesta)

a) No lo sé

b) Porque son más fuertes

c) Porque las víctimas se merecen un castigo

d) Por jugar

e) Porque ellos son provocados

f) Porque la víctima es diferente a los otros

g) Otras razones, por favor di cuáles:

____

Sobre maltratar a otros compañeros

18. ¿Cuántas veces ayudaste a maltratar a otros compañeros en la escuela desde el año pasado? (marca sólo una respuesta)

a) No ayudé a maltratar a otros compañeros

b) Sólo 1 ó 2 veces desde el año pasado

c) 3 a 6 veces desde el año pasado

d) Una vez por semana

e) Varias veces por semana

19. ¿Cuando maltratas a otros compañeros, normalmente lo haces solo o acompañado de otros compañeros? (marca sólo una respuesta)

a) No maltraté a mis compañeros desde el año pasado

b) Normalmente lo hice solo

c) Normalmente lo hice con 1 ó 2 compañeros

d) Normalmente lo hice con 3 – 8 compañeros

e) Normalmente lo hice con más de 8 compañeros

20. ¿Maltrataste a otro compañero en la escuela con alguna de las formas mencionadas a continuación, desde el año pasado? (marca una o varias respuestas)

a) No maltraté a mis compañeros desde el año pasado

b) Pegué y empujé

c) Amenacé

d) Robé cosas o dañé cosas de los otros

e) Me burlé de los otros por su raza o color

f) Me burlé de otros compañeros

g) Alejé, discriminé a algunos compañeros de mi grupo sin darles atención

h) Divulgué chismes/mentiras sobre algunos compañeros

i) Hice otras cosas. Por favor di lo que hiciste:

____

21. ¿Qué sentiste cuando maltrataste a otros compañeros en la escuela desde el año pasado? (marca una o más respuestas)

a) No maltraté a mis compañeros desde el año pasado

b) Me sentí bien

c) Fue gracioso

d) Sentí que ellos se merecían el castigo

e) No sentí nada

f) Estaba preocupado de que algún profesor, funcionario o mis padres me descubrieran

g) Estaba seguro de que ellos harían lo mismo conmigo

h) Me sentí mal

i) Sentí pesar por la persona

22. ¿Alguien habló contigo de los maltratos que hiciste a otros en la escuela desde el año pasado? (marca una o más respuestas)

a) No maltraté a mis compañeros desde el año pasado
b) Nadie habló conmigo, sin embargo he maltratado a otros compañeros
c) El director, coordinador u otro funcionario
d) Mis padres/responsables
e) Mis hermanos o hermanas
f) Mis amigos
g) Otras personas. Por favor di con quien:

____

Sobre maltratos virtuales

23. ¿Fuiste maltratado por compañeros de escuela en el espacio virtual? (marca sólo una respuesta)

a) No fui maltratado en el espacio virtual por compañeros de la escuela
b) 1 ó 2 veces fui maltratado en el espacio virtual
c) 3 ó 6 veces fui maltratado en el espacio virtual
d) Una vez por semana fui maltratado en el espacio virtual
e) Varias veces por semana fui maltratado en el espacio virtual
f) Soy maltratado en el espacio virtual desde el año pasado

24. ¿De qué manera fuiste maltratado por compañeros de escuela en el espacio virtual? (marca una o más respuestas)

a) No fui maltratado en el espacio virtual por compañeros de la escuela

b) Enviaron un correo hablando mal de mí

c) Enviaron un correo amenazándome

d) Hablaron mal de mí en el MSN, *Facebook* u otros tipos de redes sociales

e) Robaron mi contraseña e ingresaron a mi correo

f) Se hicieron pasar por mí en internet

g) Sacaron y publicaron fotografías mías en internet sin mi consentimiento

h) Hicieron un montaje y divulgaron fotos mías de manera humillante

i) Hicieron un montaje y divulgaron fotos de mi familia de manera humillante

j) Me filmaron y publicaron en *Youtube*

k) Crearon grupos en *Facebook* para humillarme y divulgar mis fotos o perfil

l) Enviaron virus con el objetivo de perjudicarme

m) Recibí mensajes en el celular hablando mal de mí

n) Recibí mensajes en el celular con groserías

o) Recibí mensajes en el celular amenazándome

p) Recibí fotografías mías en el celular y me humillaron

q) Otros

25. ¿Por cuánto tiempo duraron los maltratos en el espacio virtual? (marca sólo una respuesta)

a) No fui maltratado en el espacio virtual por compañeros de la escuela

b) Duraron una semana

c) Duraron varias semanas

d) Se han mantenido a lo largo de este año

e) Se han mantenido desde el año pasado

26. ¿Qué hiciste cuando fuiste maltratado por compañeros de la escuela en el espacio virtual? (marca una o más opciones)

a) No fui maltratado en el espacio virtual por compañeros de escuela
b) No hice nada, pero quedé lastimado
c) No hice nada porque no les di importancia
d) Hablé con un profesor
e) Hablé con el director, coordinador u otro funcionario
f) Hablé con mi padre, madre o responsable
g) Hablé con mis hermanos o hermanas
h) Hablé con mis amigos
i) Lloré
j) Huí
k) Pedí que pararan
l) Me defendí
m) Respondí de la misma manera
n) Denuncié ante la policía
o) Otros

27. ¿Qué sentiste al ser maltratado por compañeros de la escuela en el espacio virtual? (marca una o más respuestas)

a) No fui maltratado en el espacio virtual por compañeros de escuela
b) No sentí nada
c) Fue divertido
d) Me sentí bien
e) Me sentí mal
f) Me sentí triste
g) Me sentí lastimado o aburrido

h) Me quedé preocupado de lo que los otros podían pensar de mí
i) Quedé con miedo
j) Me sentí irritado
k) Me sentí indefenso, nadie podía ayudarme
l) Me sentí avergonzado

28. ¿Por qué crees que los compañeros maltratan a los otros en el espacio virtual? (marca sólo una respuesta)

a) No vi a ningún compañero maltratar a otro en el espacio virtual
b) No sé decir
c) Porque no fueron orientados para el uso del espacio virtual
d) Porque no saben respetar a las personas
e) Porque dan seguimiento a los conflictos que empezaron en la escuela
f) Porque están jugando
g) Porque no saben ponerse en el lugar de las víctimas
h) A causa de la seguridad del anonimato e impunidad
i) Por no recibir sanciones
j) Otros

29. ¿En caso de que hayas maltratado a algún compañero de escuela en el espacio virtual, qué sentiste? (marca una o más respuestas)

a) No maltraté a compañeros de la escuela en el espacio virtual
b) No sentí nada
c) Me sentí bien

d) Fue gracioso

e) Sentí que merecían el castigo

f) Estaba seguro de que harían lo mismo conmigo

g) Me quedé con miedo de que un profesor o funcionario descubriera

h) Me quedé con miedo de que mi padre, madre o responsable descubriera

i) Sentí que no sería descubierto y sancionado

j) Me quedé con miedo de ser descubierto o sancionado

k) Me sentí mal

l) Me arrepentí de lo que hice

m) Sentí pesar por la persona

n) Sentí que hice venganza, pues me maltrataron también

o) Sufrí maltratos en la casa e hice lo mismo en la escuela

Bibliografía

Amado, João. Freire, Isabel. (2002). *Indisciplina e violência na escola. Compreender para prevenir.* Porto: Edições Asa.

Beane, Allan L. (2010). *Proteja seu filho do bullying.* Rio de Janeiro: BestSeller.

Beaudoin, Marie-Nathalie. Taylor, Maurreen. (2006). *Bullying e desrespeito: como acabar com essa cultura na escola.* Porto Alegre: Artmed.

Belsey, Bill. (2008). Cyberbullying. An Emerging Threat to the "Always On" Generation. *Canadian Teacher Magazine,* 18-20.

Carpenter, D; Ferguson C. (2011). *Cuidado! Proteja seus filhos do bullies.* São Paulo: Butterfly.

Coloroso, Barbara. (2003). *The bully, the bullied and the bystander.* Londres: Piccadilly.

Costantini, Alessandro. (2004). *Bullying: como combatê-lo.* São Paulo: Itália Nova.

Fernández, Isabel. (1999). Prevención de la violencia y resolución de conflictos; el clima escolar como factor de calidad. Narcea. Madrid.

Fante, Cléo. (2010). *Trabalhando a prevenção do bullying na escola. Campanha Aprender sem Medo.* São Luis/MA: Unigraf.

Fante, Cléo. (2010). *Programa de Enfrentamento ao Bullying Escolar. Plan International Brasil.* São Luis/MA: Unigraf.

Fante, Cléo. (2005). *Fenômeno Bullying: como prevenir a violência nas escolas e educar para a paz.* Campinas: Verus Editora.

Fante, Cléo. Pedra, José Augusto. (2008). *Bullying Escolar: perguntas e respostas.* Porto Alegre: Artmed.

Hirigoyen, M. F. (2000). *Assédio Moral: a violencia perversa do cotidiano.* São Paulo: Betrand do brasil.

Leymann, H. (1990). Mobbing and psychological terror at workplaces. *Violence and Victims,* 5, 119-126.

Lopes Neto, Aramis. Saavedra, Lucia Helena. (2003). *Diga não ao Bullying.* Rio de Janeiro: Ed. ABRAPIA.

O'Moore, Mona. (2000). Critical Issues for Teacher Training to Counter Bullying and Victimisation in Ireland. *Aggressive Behavior,* Vol. 26, 99-111.

Olweus, D. (1993). *Bullying at School.* Cambridge, MA: Blackwell.

Olweus, D. (1998). *Conductas de acoso y amenaza entre escolares.* Madrid: Morata.

Ortega, R. & Lera, M.-J. (2000). The Seville Anti-Bullying in School Project. *Aggressive Behavior,* Volume 26, Issue 1, 113-123.

Pepler, D & Craig, W. (2000). *Making a Difference in Bullying.* Toronto: LaMarsh Centre for Research on Violence and Conflict Resolution.

Pereira, Aísa. (1999). A.I.S.A. - Aprenda a Internet Sozinho Agora - *Dicionário da Internet.* Retrieved 29 Agosto, 2008, from http://www.aisa.com.br/diciona.html

Pereira, Beatriz, Mendonça, Denisa, Neto, Carlos, Valente, Lucília & Smith, Peter K. (2004). *Bullying in Portuguese Schools. School Psychology International*, Vol. 25(2), 241-254.

Public Safety Canada. (2008). First steps to stop bullying and harassment: adults helping youth aged 12 to 17. Retrieved 11 Agosto 2008, 2008, from http://www.publicsafety.gc.ca/res/cp/bully_12217-eng.aspx

Salmivalli, C, Voeten, M. (2004). Connections between attitudes, group norms, and behaviors associated with bullying in schools. *International Journal of Behavioral Development*, 28:246-258.

Shariff, Shaheen. (2010). *Ciberbullying: questões e soluções para a sala de aula e a família.* Porto Alegre. Artmed.

Schriever, Beatrice. (2007). Cyberbullying: Ontario College of Teachers' Perspective. *CFT Economic & Member Services Notes*, 10-14.

Smith, Peter & Sharp, Sonia. (1994). *School bullying: insights and perspectives.* N.Y: Routledg.

Teixeira, Gustavo. (2011). *Manual Antibullying: para alunos, pais e professores.* Rio de Janeiro: BestSeller.

Ventura, A; Fante, Cléo. (2011). *Bullying; intimidação no ambiente escolar e virtual.* Belo Horizonte: Conexa Editora.

Voors, W. (2006). *Bullying, el acoso escolar.* Buenos Aires: Oniro.

Cléo Fante

Pedagoga. Historiadora. Doctora en Ciencias de la Educación. Reconocida investigadora en la temática de *Bullying*. Creadora del programa *antibullying Educar para la Paz*. Docente de postgrado. Autora de *Cómo entender y detener el bullying y cyberbullying en la escuela. 112 preguntas y respuestas clave para profesores y padres* (2012, Editorial Magisterio), *Fenômeno Bullying: como prevenir a violência nas escolas e educar para a paz* (2005, Verus Editora) y *Bullying, intimidação no ambiente escolar e virtual* (2011, Editora Conexa). Co-autora de *Bullying escolar: perguntas e respostas* (2008, Artmed), *Trabalhando a prevenção do bullying nas escolas* (2010). Conferencista invitada en más de 200 eventos en Brasil. Asesora de instituciones públicas y privadas en la implementación de programas *antibullying* y de cultura de paz.